SQLite, MCP,
바이브 코딩을 활용한
데이터 분석과
업무 자동화

fast AI 시리즈

실무에 필요한 AI 지식을 빠르고 효과적으로 습득할 수 있도록
핵심 지식과 실전 노하우를 제공합니다.

SQLite, MCP, 바이브 코딩을 활용한
데이터 분석과 업무 자동화

지은이 **박찬규, 윤가희**

펴낸이 **박찬규** 엮은이 **윤가희** 디자인 **북누리** 표지디자인 **북누리**

펴낸곳 **위키북스** 전화 **031-955-3658, 3659** 팩스 **031-955-3660**
주소 경기도 파주시 문발로 115, 311호 (파주출판도시, 세종출판벤처타운)

가격 **22,000** 페이지 **280** 책규격 **152 x 210mm**

초판 발행 2025년 10월 23일
ISBN 979-11-5839-641-1 (93000)

등록번호 제406-2006-000036호 등록일자 2006년 05월 19일
홈페이지 wikibook.co.kr 전자우편 wikibook@wikibook.co.kr

Copyright © 2025 by 박찬규, 윤가희
All rights reserved.
First published in Korea in 2025 by WIKIBOOKS

이 책의 한국어판 저작권은 저작권자와 독점 계약한 위키북스에 있습니다.
신저작권법에 의해 한국 내에서 보호를 받는 저작물이므로 무단 전재와 복제를 금합니다.
이 책의 내용에 대한 추가 지원과 문의는 위키북스 출판사 홈페이지 wikibook.co.kr이나
이메일 wikibook@wikibook.co.kr을 이용해 주세요.

SQLite, MCP, 바이브 코딩을 활용한
데이터 분석과 업무 자동화

판매 분석부터 메일 자동화까지,

실무에 바로 쓰는 자동화 프로젝트

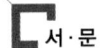

지난 3년간 인공지능(AI)은 빠르게 발전했고, 이 기술을 출판사 업무에 접목하기 위해 꾸준히 공부하고 시도해왔습니다. 표지 디자인부터 편집, 교정, 번역까지 다양한 분야에 AI를 적용해 보았지만, 아직 숙련된 전문가의 작업을 완전히 대체하지는 못했습니다. 창의성과 문해력이 필요한 출판의 핵심 영역에서 AI는 보조 도구 역할에 머물렀습니다.

하지만 데이터 분석 분야는 달랐습니다. AI를 활용한 데이터 분석은 업무를 돕는 수준을 넘어, 일하는 방식 자체를 바꿨습니다. 과거에는 분산된 엑셀 파일을 취합하고, 수작업으로 데이터를 정제하며, 반복적인 복사와 붙여넣기를 통해 얻었던 분석 결과를 이제는 AI에게 질문만 하면 바로 얻을 수 있게 되었습니다.

이 책에서 소개하는 SQLite와 MCP(Model Context Protocol) 기술의 조합이 이러한 변화의 핵심입니다. 많은 분이 AI의 '할루시네이션(Hallucination)', 즉 그럴듯한 거짓 정보 생성 문제를 우려합니다. 하지만 이 책에서 제시하는 방법은 다릅니다. 구조화된 데이터베이스(SQLite)라는 명확한 '데이터 창고' 안에서만 AI가 작동하도록 환경을 설정합니다. 그러면 AI는 제공된 데이터 범위 내에서만 질문에 답하기 때문에 잘못된 정보를 얻을 가능성이 없습니다. 엑셀을 다룰 줄 아는 직장인이라면 누구나 이 책을 통해 데이터베이스를 구축하고 AI와 대화하며 데이터를 분석할 수 있습니다.

책에서 소개하는 예제들은 제가 실제 업무에 적용하며 시간을 절약했던 방법들입니다. 과거 저자별 인세 정산과 안내 메일 발송에는 일주일 이상의 시간이 필요했습니다. 판매 데이터를 취합하고, 오류를 검토하고, 저자별로 메일을 작성하는 과정은 반복적인 수작업이었습니다. 오류 가능성 또한 있던 작업이었지만, 이 책에서 설명하는 자동화 시스템을 구축한 후에는 하루 만에 모든 정산 업무를 정확히 마무리할 수 있게 되었습니다.

여러분이 여전히 수많은 엑셀 파일을 열어 데이터를 분석하고 반복되는 보고서 작업을 하고 있다면 이 책이 도움이 될 것입니다. 회사의 판매 데이터, 재무 자료, 고객 기록 등 어떤 데이터든 이 방법을 활용할 수 있습니다. 이 책의 예제를 차근차근 따라 해보세요. 처음에는 낯설었던 데이터베이스와 AI가 여러분의 유용한 업무 도구가 될 것입니다. 이 책이 여러분을 데이터 분석의 새로운 길로 안내하는 실용적인 가이드가 되기를 바랍니다.

박찬규

서문

ChatGPT를 처음 만났을 때의 충격이 아직도 생생합니다. 벌써 3년 가까이 됐지만, 여전히 새로운 생성형 AI를 접할 때마다 놀라곤 합니다. 이번 책에는 지난 책 출간 이후 위키북스에서 실제로 활용한 생성형 AI 노하우들을 담았습니다.

이제 생성형 AI는 업무뿐만 아니라 일상 곳곳에서 없어서는 안 될 동반자가 되었습니다. 생성형 AI를 만나기 전, 출판사 에디터로 일할 때는 단조롭고 반복적인 업무가 많았습니다. 하지만 지금은 다릅니다. 때로는 기획자가 되어 새로운 아이디어를 구상하고, 때로는 디자인 영역에 발을 담그며, 마케터 역할을 해보기도 하고, 데이터 분석가처럼 데이터를 다루기도 합니다. 요즘처럼 다채로운 일을 하며 즐겁게 지낸 적이 없는 것 같습니다.

불과 몇 년 전만 해도 데이터 분석은 제게 그림의 떡이었습니다. 회사에 판매 데이터를 비롯한 각종 자료가 쌓여 있었지만, 이를 의미 있게 활용하기란 쉽지 않았습니다. 그런데 Claude를 통해 자연어로 데이터에 질문을 던질 수 있다는 사실을 알게 되면서 모든 게 달라졌습니다. "이번 달 가장 많이 팔린 책이 뭐야?", "월별 도서 판매 현황을 정리해줘"와 같은 일상적인 말로도 의미 있는 인사이트를 얻을 수 있게 된 거죠.

데이터에서 의미를 찾아낼 수 있다는 것 자체가 큰 감동이었습니다. 무엇보다 좋았던 건 실수에 대한 부담이 사라진 점입니다. 이제는 편안하게 질문하고 결과를 살펴본 뒤, 필요하면 다시 물어보면 그만입니다. 마치 친절한 데이터 분석 전문가가 늘 곁에 있는 느낌이죠. 특히 반복 업무에서 큰 힘이 되고 있습니다. 시간도 아끼고 정확도도 높아졌으며, 무엇보다 데이터를 들여다보는 일이 즐거워졌습니다.

이 책을 읽는 분들 중에도 저처럼 데이터 분석을 어려워하는 분이 많을 겁니다. 하지만 걱정할 필요 없습니다. 특별한 기술 지식이 없어도, 복잡한 프로그래밍을 모르셔도 충분합니다. 평소 쓰는 말로 질문만 하면 됩니다.

이 책은 저처럼 평범한 직장인의 시선에서 썼습니다. 어려운 전문 용어나 복잡한 이론보다는 "어떻게 하면 실무에서 바로 써먹을 수 있을까"에 집중했습니다. 각 부의 예제를 차근차근 따라 하시다 보면 어느새 데이터와 자연스럽게 소통하고 계실 겁니다.

AI 시대의 핵심은 기술을 두려워하지 않고 내 일에 능동적으로 활용하는 것이라 생각합니다. 이 책이 여러분께 그런 용기와 실력을 함께 드릴 수 있기를 바랍니다. 데이터 분석이 더 이상 어렵고 복잡한 일이 아니라, 자연스럽고 일상적인 업무 도구가 되는 경험을 하시길 기대합니다.

마지막으로 이 책을 함께 만든 'AI 전도사' 박찬규 대표님께 깊이 감사드립니다. 새로운 기술에 대한 열정과 혜안 덕분에 유익한 내용을 독자 여러분과 나눌 수 있게 되었습니다. 그리고 언제나 제 도전을 응원해 주는 세환, 윤서, 서윤, 서우에게도 깊은 고마움을 전합니다.

윤가희

이 책의 사용 설명서

본문 내용을 시작하기에 앞서 이 책의 도서 홈페이지, 예제 파일 다운로드 방법, 참고 자료 페이지에 대해 설명합니다.

도서 홈페이지

이 책의 홈페이지 URL은 다음과 같습니다.

- 도서 홈페이지: https://wikibook.co.kr/sqlite-mcp/

이 책을 읽는 과정에서 내용상 궁금한 점이나 잘못된 내용, 오탈자가 있다면 홈페이지 오른쪽에 있는 [도서 관련 문의]를 통해 문의해 주시면 빠른 시간 내에 안내해 드리겠습니다.

또한, 책에서 설명하는 사이트나 프로그램이 작동하지 않을 때에도 도서 홈페이지를 통해 문제를 해결하는 방법을 공지하겠습니다.

예제 파일 내려받기

01. 도서 홈페이지의 [예제 코드] 탭을 클릭하면 다음과 같이 예제 파일이 있습니다. 내려받으려는 예제 파일 링크를 클릭합니다.

이 책의 사용 설명서

02. 예제 파일(이미지)를 내려받고 내려받은 압축 파일을 더블 클릭해 압축을 해제합니다.

03. 실습에 필요한 예제 파일이 각 파트별로 폴더에 들어 있습니다.

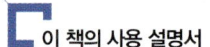
이 책의 사용 설명서

참고 자료 페이지

도서 홈페이지의 [예제 코드] 탭에서 [참고 자료 페이지] 링크를 클릭하면 책에서 소개하는 링크, 프롬프트를 확인할 수 있는 참고 자료 페이지로 이동할 수 있습니다.

- 참고 자료 페이지: https://gaheeyoon.github.io/sqlite-mcp/

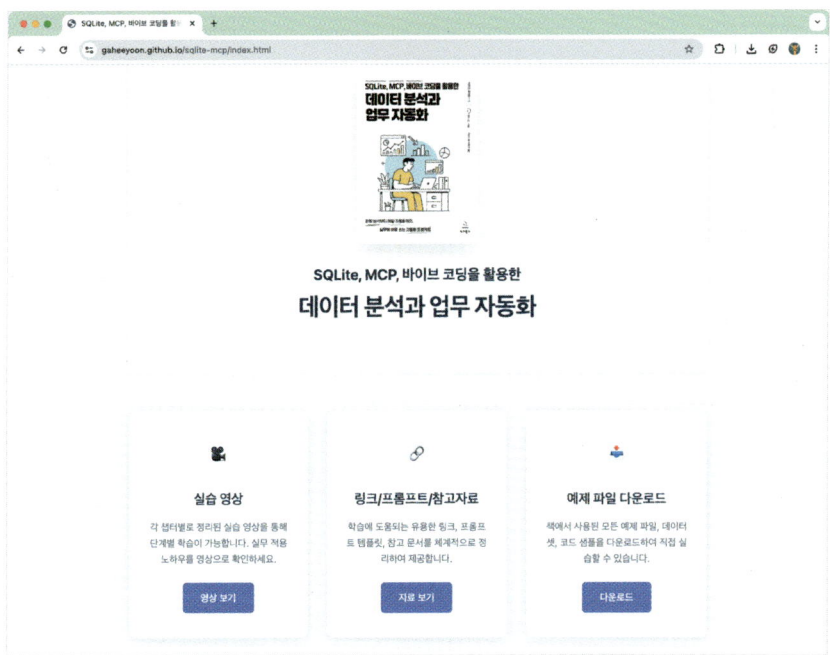

이 책의 사용 설명서

실습 영상

각 항별로 실습 영상을 제공합니다. 참고 자료 페이지에서 실습 영상 아래에 있는 [영상 보기] 버튼을 클릭하면 영상을 확인할 수 있습니다.

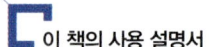이 책의 사용 설명서

링크, 프롬프트, 참고 자료

책에서 소개하는 링크, 프롬프트, 참고자료는 부(Part)별로 정리돼 있습니다. 참고 자료 페이지에서 링크/프롬프트/참고자료 아래에 있는 [자료 보기] 버튼을 클릭하면 자료를 확인할 수 있습니다.

링크를 클릭하여 책에서 소개하는 링크로 바로 이동할 수 있고, 명령어나 프롬프트는 오른쪽에 있는 [복사] 아이콘을 클릭해 복사할 수 있습니다.

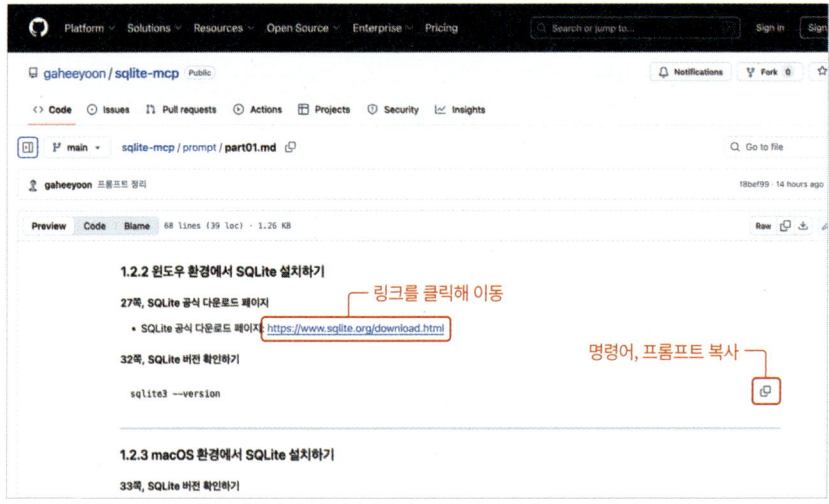

목·차

PART 01

데이터베이스 시작하기: 기본 개념부터 개발 환경 구축까지

1.1 데이터베이스 살펴보기   4

    1.1.1 엑셀 대신 데이터베이스가 필요한 이유   4

    1.1.2 기본 용어 알아보기   7

    1.1.3 테이블 연결하기: 정보를 더 풍부하게 만드는 방법   13

    1.1.4 데이터베이스와 대화하는 언어, SQL   18

1.2 SQLite 시작하기   25

    1.2.1 SQLite란?   25

    1.2.2 윈도우 환경에서 SQLite 설치하기   27

    1.2.3 macOS 환경에서 SQLite 설치하기   32

1.3 DB Browser for SQLite 시작하기   33

    1.3.1 DB Browser for SQLite란?   33

    1.3.2 윈도우 환경에서 DB Browser for SQLite 설치하기   34

    1.3.3 macOS 환경에서 DB Browser for SQLite 설치하기   38

    1.3.4 DB Browser for SQLite의 화면 구성   39

    1.3.5 DB Browser for SQLite에서 새 데이터베이스 추가하기   41

목 · 차

PART 02

SQLite MCP로 다양한 데이터 분석 업무 자동화하기

2.1 MCP란?	46
2.1.1 Anthropic의 Claude MCP	47
2.2 Claude MCP 설치하기	49
2.2.1 윈도우 환경에서 Python 설치하기	50
2.2.2 윈도우 환경에서 uv 및 uvx 설치하기	54
2.2.3 macOS 환경에서 Python 설치하기	57
2.2.4 macOS 환경에서 uv 및 uvx 설치하기	61
2.2.5 Claude Desktop 앱 설치하기	62
2.2.6 MCP 설정 파일에 환경 정보 추가하기	65
2.3 은행 거래 내역 분석	73
2.3.1 데이터 준비하기	74
2.3.2 데이터 입력하기	77
2.3.3 데이터 조회하기	87
2.4 손익 계산서 분석	93
2.4.1 데이터 입력하기	94
2.4.2 데이터 조회하기	99
2.5 아파트 인덱스 지수 분석하기	107
2.5.1 데이터 입력하기	108
2.5.2 데이터 조회하기	116
2.6 마무리	124

PART 03

SQLite MCP로 판매 정보 조회 시스템 만들기

3.1 위키북스 판매 정보 시스템 소개	128
3.2 도서판매정보 데이터베이스 만들기	134
3.2.1 데이터베이스 만들기	135
3.2.2 자연어로 데이터 조회하기	146
3.3 전체 도서 월별판매내역 챗봇 만들기	152
3.3.1 도서(전체) 월별판매내역 챗봇 구성하기	152
3.3.2 전체 도서 월별판매내역 챗봇 업그레이드하기	158
3.4 개별 도서 월별판매내역 챗봇 만들기	163
3.4.1 개별 도서 월별판매내역 챗봇 구성하기	164
3.4.2 개별 도서 월별판매내역 챗봇 업그레이드하기	173
3.5 마무리	182

PART 04

인세 내역 조회부터 이메일 발송까지 원클릭 자동화 시스템 만들기

4.1 인세 메일 자동 발송 템플릿 소개	186
4.1.1 mail-temp 시트 소개	190
4.1.2 royalty 시트 소개	194
4.1.3 인세 자동 메일 발송 템플릿 사용해보기	195
4.2 인세 내역 조회를 위한 SQL 만들기	203
4.2.1 월별, ISBN별 판매 데이터 구하기	205
4.2.2 판매 데이터를 피벗 형태로 바꾸기	210
4.2.3 인세 지급 정보 포함하기	216
4.3 메일 자동 발송 템플릿 만들기	221
4.3.1 데이터를 조회해서 구글 스프레드 문서 만들기	223
4.3.2 메일 템플릿 만들기	225
4.3.3 메일 자동 발송 프로그램 구현하기	231
4.4 메일 자동 발송 프로그램 수정하기	242
4.4.1 HTML 코드 수정하기	243
4.4.2 메일 발송 코드 수정하기	249
4.5 마치며	252

APPENDIX 부록

- **A.1** 복잡한 데이터를 문서로 정리해주는 AI … 254
- **A.2** Claude가 만들 수 있는 문서 유형 … 254
- **A.3** 문서 생성 기능 활성화 방법 … 255
- **A.4** 실전 예제 1: 판매 보고서를 워드 문서로 만들기 … 257
- **A.5** 실전 예제 2: 엑셀로 판매 실적 분석표 만들기 … 258

PART

01

데이터베이스 시작하기: 기본 개념부터 개발 환경 구축까지

1장에서는 데이터베이스가 무엇인지 쉽게 이해할 수 있게 온라인 서점의 도서 판매 시스템을 예시로 들어 테이블, 행, 열과 같은 기본 구성 요소를 알아봅니다. 또한, 데이터의 중복을 피하고 일관성을 유지하기 위해 여러 테이블을 '관계'로 연결하는 핵심 개념과 데이터베이스와 소통하는 언어인 SQL의 기본 명령어들을 살펴봅니다.

이어서 실제 데이터베이스를 다루기 위한 도구들을 준비합니다. 가볍고 설정이 간편하여 널리 사용되는 데이터베이스 엔진인 SQLite의 특징을 알아보고, 그것을 맥과 윈도우 운영체제에 각각 설치하는 과정을 안내합니다. 마지막으로, SQL 명령에 익숙하지 않은 사용자도 엑셀처럼 쉽게 데이터베이스를 다룰 수 있게 도와주는 시각적 도구인 'DB Browser for SQLite'의 설치 방법과 기본 기능을 소개하며, 데이터베이스를 실제로 조작할 수 있는 환경을 마련합니다.

1.1 데이터베이스 살펴보기

엑셀은 간단한 표를 만들 때는 유용하지만, 데이터가 많아지고 정밀한 관리가 필요해지면 한계에 부딪힙니다. 이 절에서는 엑셀보다 더 체계적이고 유연한 데이터 관리 도구인 데이터베이스의 기본 개념을 살펴봅니다. 먼저 데이터베이스가 왜 필요한지 살펴보고, 테이블과 행, 열 같은 핵심 용어를 알아보겠습니다. 이어서 여러 테이블을 연결하는 관계 개념과, 데이터를 조회하거나 수정하는 데 사용하는 SQL 언어도 함께 배워보겠습니다.

1.1.1 엑셀 대신 데이터베이스가 필요한 이유

업무를 하다 보면 다루는 데이터가 점점 많아지고 복잡해집니다. 엑셀은 소규모 데이터를 간단히 정리할 때는 유용하지만, 데이터가 수백, 수천 건을 넘어서면 필요한 정보를 찾는 데도 많은 시간과 노력이 필요합니다. 여러 사람이 동시에 작업하거나 자료가 계속해서 업데이트되는 상황이라면 중복, 충돌 등의 문제도 발생합니다.

이런 문제를 해결할 수 있는 강력한 도구가 바로 데이터베이스(Database)입니다. 데이터베이스는 데이터를 체계적으로 저장하고 관리하여, 언제든 빠르게 검색하고 안정적으로 활용할 수 있도록 설계된 일종의 데이터 창고입니다. 물건을 잘 정리해 둔 창고에서 필요한 물건을 손쉽게 꺼내듯, 데이터베이스는 방대한 데이터 속에서도 원하는 정보를 정확하고 빠르게 찾아줍니다.

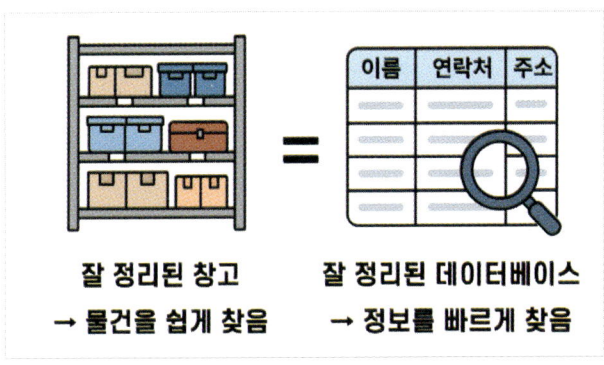

그림 1.1 방대한 데이터 속에서도 필요한 정보를 빠르게 찾을 수 있는 데이터베이스

또한, 데이터베이스는 각 항목마다 어떤 데이터만 들어올 수 있는지를 미리 정해놓을 수 있습니다. 예를 들어, '가격'에는 숫자만, '날짜'에는 날짜 형식의 데이터터만 입력되도록 설정해 잘못된 입력을 방지할 수 있습니다. 정보가 중복되더라도 한 곳만 수정하면 자동으로 전체 데이터에 반영되도록 관계를 설정할 수도 있어, 엑셀에서 자주 겪는 반복 입력이나 데이터 불일치 문제를 효과적으로 해결할 수 있습니다.

무엇보다도 데이터베이스는 대용량 데이터 처리에 강점이 있습니다. 수만 건의 판매 기록이 담긴 엑셀 파일을 열 때 느려지거나 멈춘 적이 있다면, 데이터베이스의 빠른 검색과 처리 속도가 얼마나 유용한지 쉽게 체감할 수 있을 것입니다. 게다가 데이터베이스는 여러 사람이 동시에 접속해도 안정적으로 작동하며, 백업과 복구, 보안 관리도 체계적으로 이뤄질 수 있도록 설계되어 있습니다.

다음 표는 엑셀과 데이터베이스의 주요 차이를 정리한 것입니다.

구분	엑셀	데이터베이스
데이터 용량	최대 100만 행 제한	수억 건 이상 처리 가능
동시 접근	한 번에 한 명만 편집 가능	여러 사용자 동시 접근 가능
데이터 중복	중복 데이터 발생 가능성 높음	정규화를 통한 중복 최소화
데이터 무결성	수동으로 관리해야 함	자동으로 무결성 보장
검색 속도	대용량 데이터에서 느림	인덱스를 통한 빠른 검색
백업/복구	파일 단위 백업	체계적인 백업/복구 시스템
보안	파일 수준 보안	사용자별 세밀한 권한 관리

표 1.1 엑셀과 데이터베이스의 주요 차이점

다만, 구축된 데이터베이스에서 자료를 효과적으로 조회하는 것이 일반인이 하기에는 복잡한 작업이었습니다. 데이터베이스에서 원하는 정보를 조회하거나 수정하려면 복잡한 SQL 명령어를 알아야 했고, 따라서 데이터베이스 전문가의 도움 없이는 사용하기가 어려웠습니다.

하지만 최근 AI 기술이 빠르게 발전하면서 컴퓨터와 상호작용하는 방식이 완전히 바뀌고 있습니다. 예를 들어 MCP(Model Context Protocol) 같은 기술을 활용하면, "어제 가장 많이 팔린 책은 뭐야?" 같은 질문을 통해서 SQL 없이도 원하는 답을 얻을 수 있게 됐습니다(MCP에 관해서는 2장에서 자세히 다룰 예정입니다).

이어지는 절에서는 데이터베이스를 처음 접하는 초보자도 쉽게 이해할 수 있게 '도서 판매 데이터'를 예제로 데이터베이스의 기초 개념을 살펴보겠습니다. 먼저 데이터베이스가 무엇인지 알아보고, SQLite의 특징과 설치 방법을 하나씩 알아보겠습니다.

> **TIP _ 이번 절에서 다루는 개념은 가볍게 읽어주세요**
> 이번 절에서 소개하는 데이터베이스 개념이 조금 어렵게 느껴질 수도 있습니다. 하지만 걱정하지 않아도 됩니다. 나중에 실습할 때는 MCP 덕분에 복잡한 SQL을 몰라도 충분히 따라올 수 있습니다. 다만 기본 개념을 미리 알아두면 이후 실습과 활용법을 더 깊이 있게 이해하는 데 도움이 됩니다. 따라서 여기서는 읽으면서 전체적인 흐름만 파악해도 됩니다.

1.1.2 기본 용어 알아보기

데이터베이스라는 단어는 처음 들으면 어렵게 느껴질 수 있지만, 실제 구조는 우리가 일상에서 접하는 시스템과 크게 다르지 않습니다. 예를 들어 온라인 서점의 도서 판매 시스템을 떠올려보면, 데이터베이스의 구성 요소들이 어떤 역할을 하는지 쉽게 이해할 수 있습니다.

이번 절에서는 데이터베이스의 가장 기본적인 구성 요소인 데이터베이스(Database), 테이블(Table), 열(Column), 행(Row)이 각각 무엇인지, 그리고 어떻게 연결되어 작동하는지 살펴보겠습니다.

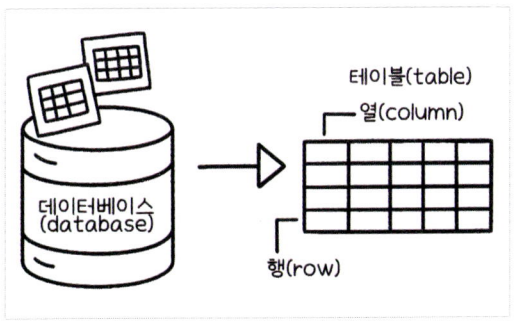

그림 1.2 데이터베이스의 기본 구성 요소

데이터베이스(Database): 정보를 담는 가장 큰 그릇

데이터베이스란 관련된 정보를 **체계적으로 저장하고 정리하는** 공간입니다. 여러분이 자주 이용하는 **온라인 서점**을 떠올려봅시다. 온라인 서점은 수십만 권의 도서 정보를 가지고 있고, 매일 수천 건의 주문이 들어오며, 수많은 고객과 저자 정보를 함께 관리합니다. 이 모든 정보를 엑셀 파일처럼 하나하나 저장한다면, 관리도 복잡하고 실수도 자주 발생할 것입니다. 그런데 실제로는 이 시스템이 놀라울 정도로 빠르게 작동합니다. 그 비결이 바로 데이터베이스에 있습니다.

데이터베이스는 이런 방대한 양의 정보를 **중앙에서 체계적으로 저장**하고, **필요할 때 빠르게 꺼낼 수 있게 도와주는** 시스템입니다. 잘 정리된 창고처럼 정보를 잘 정리해두기만 하면, 수많은 물건(데이터) 중에서 필요한 것을 단번에 찾아낼 수 있습니다. 온라인 서점에서 우리가 도서를 검색하고 구매하고, 주문 내역을 확인할 수 있는 것도 모두 이 데이터베이스가 있기 때문입니다. 데이터베이스는 이처럼 시스템 전체의 흐름을 뒷받침해주는 역할을 합니다.

그럼 데이터베이스의 구성을 먼저 살펴보겠습니다. 데이터베이스는 기본적으로 다음 그림과 같은 '테이블'로 구성돼 있고, 각각의 테이블에 필요한 정보가 정리되어 있습니다.

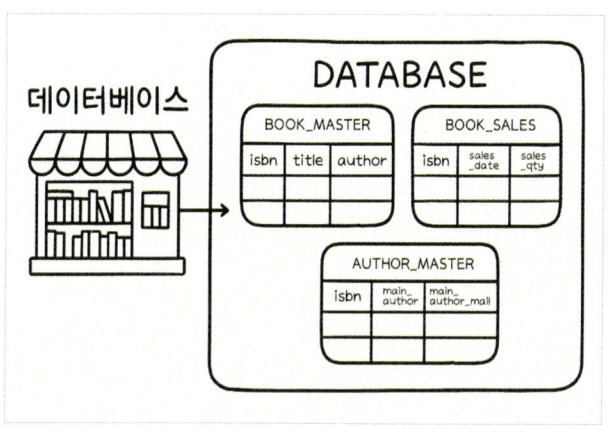

그림 1.3 여러 개의 테이블을 담고 있는 데이터베이스

테이블(Table): 주제별로 나누어진 데이터의 책장

테이블은 데이터베이스 안에 들어 있는 정보를 조금 더 작게 나눠서 관리하기 위한 단위입니다. **서점의 책장**처럼 서로 관련 있는 정보를 모아 정리해둔 공간이라고 보면 됩니다.

예를 들어, 온라인 서점에는 도서 정보를 담는 테이블, 판매 내역을 담는 테이블, 저자 정보를 담는 테이블이 따로 존재할 수 있습니다. 이처럼 각각의 테이블에는 하나의 주제 또는 목적에 맞는 데이터가 저장됩니다. 예를 들어 book_master는 책의 제목, 가격, 출판일 같은 도서 기본 정보를 저장하는 테이블이고, book_sales는 언제, 어떤 책이 얼마나 팔렸는지를 기록한 판매 정보 테이블, author_master는 저자 이름과 이메일 같은 저자 정보를 저장하는 테이블입니다.

각각의 테이블은 내용은 다르지만 같은 형식, 즉 행과 열로 구성된 표의 형태입니다. 여러 장르의 책이 책장에 나뉘어 꽂혀 있는 것처럼, 테이블을 주제별로 나누면 정보를 더 빠르고 정확하게 찾을 수 있습니다.

행(Row): 하나의 정보 묶음, 한 줄의 기록

테이블 안에 저장되는 개별 데이터 하나를 **행(Row)**이라고 부릅니다. 행은 '레코드(Record)'라고도 하는데, 쉽게 말해 **한 줄에 해당하는 하나의 정보 덩어리**입니다.

예를 들어 book_master 테이블에는 여러 권의 책 정보가 저장되어 있을 텐데, 그중 한 권인 『생활코딩! 자바 프로그래밍 입문』의 정보가 하나의 행이 됩니다. 이 행에는 ISBN, 책 제목, 저자, 가격, 출판일 등 이 책과 관련된 모든 정보가 들어 있습니다. '생활코딩 머신러닝 이론편', '생활코딩! PHP+MySQL'도 각각 하나의 행으로 테이블에 저장됩니다.

즉, 행은 하나의 데이터 단위를 통째로 담고 있는 줄이라고 이해하면 됩니다. 이 책이 어떤 책인지에 대한 모든 정보가 한 줄에 정리돼 있는 셈입니다.

book_master

isbn	title	author	pages	...
9791158390518	생활코딩! 자바 프로그래밍 입문	이고잉	696	
9791158392666	생활코딩 머신러닝 이론편	이고잉, 이숙번, 오픈튜토리얼스	148	
9791158391348	생활코딩! PHP+MySQL	이고잉	456	

그림 1.4 하나의 정보 덩어리인 행

열(Column): 정보를 설명하는 항목의 이름표

행이 하나의 정보를 담는 줄이라면, 열(Column)은 **각 정보가 어떤 종류인지를 설명하는 칸**입니다. 즉, 열은 데이터를 구성하는 속성을 의미합니다. 일부에서는 열을 '필드(Field)'라고 부르기도 합니다.

book_master 테이블을 보면, 모든 책은 공통적으로 'title(제목)', 'author(저자)', 'pages(페이지)'의 속성을 가지고 있습니다. 이 각각의 속성이 바로 열입니다. 모든 행(도서 정보)의 데이터는 이처럼 같은 열(속성)을 기준으로 저장됩니다.

또한, 열의 각 항목마다 데이터의 종류(데이터 타입)를 지정할 수 있습니다. 예를 들어 가격은 숫자만 입력되도록 INTEGER, 출판일은 날짜 형식으로 입력되도록 TEXT, 평점은 소수점이 들어가는 REAL로 지정할 수 있습니다. 이렇게 데이터 타입을 정해두면 잘못된 입력을 막고 더 정확하고 안정적으로 데이터를 관리할 수 있습니다.

그림 1.5 정보를 설명하는 항목의 이름표인 속성

이처럼 데이터베이스는 데이터베이스 → 테이블 → 열 → 행의 구조로 이루어져 있습니다. 이 기본 틀만 이해하면 처음에는 복잡하게 느껴졌던 데이터베이스가 훨씬 더 익숙하고 친근하게 다가올 것입니다.

> **TIP _ SQLite에서 자주 쓰이는 데이터 타입**
>
> 테이블에서 각 열(Column)에 어떤 종류의 데이터를 담을지 미리 지정할 수 있습니다. 이를 데이터 타입이라고 합니다. 데이터 타입은 잘못된 입력을 방지하고, 데이터를 더 정확하고 효율적으로 관리할 수 있게 도와줍니다.
>
> SQLite에서는 다음과 같은 데이터 타입을 가장 자주 사용합니다.
>
> - **INTEGER**: 정수값을 저장합니다. 예: 가격(32000), 페이지 수(464)
> - **TEXT**: 문자열을 저장합니다. 예: 책 제목("Clean Code"), 저자("Martin")
> - **REAL**: 소수점이 있는 숫자를 저장합니다. 예: 평점(4.5), 할인율(0.15)
> - **NULL**: 값이 비어 있거나 알 수 없는 경우를 나타냅니다.
>
> 예를 들어 price 열은 INTEGER 타입, author 열은 TEXT 타입으로 지정하면 숫자와 문자가 섞이는 실수를 방지할 수 있습니다.

book_master 테이블 예시

다음은 도서 정보를 담은 book_master 테이블의 실제 예시입니다.

isbn	제목	저자	페이지	가격	출판일
9791158390518	생활코딩 자바 프로그래밍 입문	이고잉	696	27000	2016-12-05
9791158392666	생활코딩 머신러닝 이론편	이고잉	148	13000	2021-07-16
9791158391348	생활코딩! PHP+MySQL	이고잉	456	27000	2019-01-15

표 1.2 도서 정보를 담은 book_master 테이블 예시

이 테이블 전체가 하나의 테이블(book_master)이며, 각 가로줄은 하나의 책 정보를 담고 있는 **행(Row)**, 각 세로줄은 'ISBN', '제목', '저자', '가격' 등의 **열(Column)**로 구성되어 있습니다. 그리고 이 테이블은 더 큰 공간인 **데이터베이스(Database)** 안에 저장되어 있습니다.

이처럼 데이터베이스는 일정한 구조와 규칙에 따라 방대한 양의 데이터를 정리하고, 빠르게 검색하고, 정확하게 유지할 수 있게 도와주는 시스템입니다. 이 기본 구조만 잘 이해하면, 앞으로 더 복잡한 데이터도 효율적으로 다룰 수 있을 것입니다.

다음 절에서는 이렇게 분류된 테이블들을 서로 연결하여 더 많은 정보를 만들어내는 방법, 즉 데이터 간의 관계 맺기에 대해 배워보겠습니다.

1.1.3 테이블 연결하기: 정보를 더 풍부하게 만드는 방법

앞에서 데이터베이스는 테이블로 이루어져 있고, 각 테이블은 행과 열로 구성된다고 했습니다. 그런데 데이터베이스의 진짜 힘은 단순히 정보를 표로 정리하는 데에만 있지 않습니다. 서로 다른 테이블을 연결해서 훨씬 더 풍부하고 유용한 정보를 끌어낼 수 있다는 점이 데이터베이스가 가진 강점 중 하나입니다.

모든 정보를 하나의 테이블에 담는다면?

도서 판매 시스템을 운영하면 '도서 기본 정보', '도서 판매 정보', '저자 정보' 등 서로 다른 주제의 데이터를 따로따로 관리하는 테이블이 필요합니다. 그런데 만약 이 모든 정보를 **한 테이블에 전부 담는다면** 어떻게 될까요?

먼저, '도서 기본 정보'와 '판매 기록'을 **하나의 테이블에 다 넣는 경우**를 상상해봅시다.

isbn	제목	저자	판매일	판매수량	판매금액
9791158390518	생활코딩! 자바 프로그래밍 입문	이고잉	2024-07-01	10	270000
9791158390518	생활코딩! 자바 프로그래밍 입문	이고잉	2024-07-02	5	135000
9791158390518	생활코딩 머신러닝 이론편	이고잉	2024-07-01	20	260000

표 1.3 모든 정보를 하나의 테이블에 넣은 경우

표를 보면 알 수 있듯이, 같은 책이 판매될 때마다 제목과 저자 정보가 반복됩니다. 이처럼 중복된 데이터는 저장 공간을 낭비할 뿐 아니라, 수정하기가 번거롭고 실수하기 쉬운 구조를 만듭니다. 예를 들어, '생활코딩! 자바 프로그래밍 입문'의 저자명이 수정된다면, 해당 책이 기록된 모든 행을 일일이 찾아서 수정해야 하고, 그중 하나라도 빠뜨리면 데이터 불일치가 발생합니다.

테이블을 나누면 어떤 점이 달라질까?

이런 문제를 해결하기 위해 데이터베이스는 정보의 주제나 목적에 따라 테이블을 나누고, 필요할 때 공통된 정보를 기준으로 연결하는 방식을 사용합니다. 예를 들어, '도서 기본 정보'와 '판매 기록'을 다음과 같이 각각 다른 테이블로 나눌 수 있습니다.

【 book_master(도서 기본 정보) 테이블 】

isbn	제목	저자	페이지	가격	출판일
9791158390518	생활코딩! 자바 프로그래밍 입문	이고잉	696	27000	2016-12-05
9791158390518	SQL 첫걸음	이순신	250	25000	2022-08-01
9791158392833	데이터베이스 개론	김영희	400	30000	2023-05-20

【 book_sales(도서 일별 판매정보) 테이블 】

판매일	isbn	판매수량	판매금액
2024-07-01	9791158390518	10	270000
2024-07-01	9791158392666	20	260000
2024-07-02	9791158390518	5	135000
2024-07-02	9791158391348	15	405000

표 1.4 도서 기본 정보와 판매 기록을 각각의 테이블로 나눈 경우

이처럼 테이블을 분리하면, book_master에 각 도서에 대한 정보를 한 번만 저장하면 되고, book_sales에는 판매 기록만 계속 추가하면 됩니다. 도서 정보가 바뀌더라도, book_master 테이블에서 하나의 행만 수정하면 되므로 수정이 간단하고 안정적입니다.

테이블을 연결하는 핵심: 공통된 열

여기서 중요한 질문이 하나 생깁니다. 이렇게 분리된 테이블을 어떻게 다시 연결할 수 있을까요? 답은 간단합니다. 두 테이블에 모두 존재하는 공통된 열(Column), 여기서는 바로 isbn을 이용하면 됩니다.

isbn은 각 도서를 고유하게 구분해주는 값이기 때문에 이를 기준으로 book_master 테이블과 book_sales 테이블을 연결하면 판매 기록에 도서 정보를 덧붙이는 형태로 데이터를 조회할 수 있습니다. 이렇게 연결된 결과는 다음처럼 나타납니다.

판매일	isbn	제목	저자	판매수량	판매금액
2024-07-01	9791158390518	생활코딩! 자바 프로그래밍 입문	이고잉	10	270000
2024-07-01	9791158392666	생활코딩 머신러닝 이론편	이고잉	20	260000
2024-07-02	9791158390518	생활코딩! 자바 프로그래밍 입문	이고잉	5	135000
2024-07-02	9791158391348	생활코딩! PHP+MySQL	이고잉	15	405000

표 1.5 공통된 열을 이용해 테이블을 연결

표 1.5에서 보이는 테이블은 마치 하나의 통합된 테이블처럼 보이지만, 실제로는 book_master와 book_sales라는 두 개의 테이블을 연결해서 만들어낸 결과입니다. 그리고 이 연결은 필요할 때만 잠시 수행되고, 실제 데이터는 여전히 분리된 상태로 유지됩니다. 이렇게 하면 관리가 훨씬 더 효율적이고 유연해집니다.

테이블 연결하기

공통 칼럼(isbn)을 이용해서 테이블 연결(join)하기

BOOK_MASTER

isbn	title	author	...
9791158393274	생활코딩! HTML+CSS+자바스크립트 (개정판)	이고잉	

BOOK_SALES

isbn	sales_date	sales_qty	sales_amt
9791158393274	20240514	2	39200
9791158393274	20240520	3	56000

그림 1.6 공통된 열로 테이블을 연결

테이블을 나누고 연결하는 방식의 이점

테이블을 나누는 이유는 단순히 보기 좋게 정리하기 위해서가 아닙니다. 데이터 중복을 줄이고, 수정의 편의성을 높이며, 저장 공간을 아끼고, 다양한 형태의 조회가 가능해지기 때문입니다.

예를 들어 도서 정보는 단 한 번만 저장되기 때문에 데이터가 중복되는 일이 줄어듭니다. 만약 도서 가격이 변경되더라도 book_master 테이블의 한 행만 수정하면 되고, book_sales의 모든 판매 기록에는 자동으로 새로운 정보가 반영됩니다. 이는 데이터의 일관성을 유지하는 데 매우 중요합니다. 또, 같은 도서 정보가 여러 번 반복되지 않기 때문에 저장 공간도 절약됩니다. 마지막으로, 어떤 책이 언제 얼마나 팔렸는지, 어떤 저자의 책이 가장 많이 팔렸는지 등 다양한 방식으로 데이터를 조합해 정보를 조회할 수 있는 유연성이 생깁니다.

> **TIP _ 데이터베이스 전문 용어 엿보기**
>
> 우리가 사용하는 대부분의 데이터베이스는 '관계형 데이터베이스(Relational Database)'입니다. 말 그대로 데이터 간의 '관계'를 중심으로 정보를 구성하고 연결하는 방식입니다. 관계형 데이터베이스의 가장 중요한 특징 중 하나는 여러 개의 테이블을 공통된 열(칼럼)을 기준으로 연결할 수 있다는 점입니다. 이를 통해 각각의 테이블은 독립적으로 존재하지만, 필요할 때는 서로 연결해서 훨씬 풍부한 정보를 만들어낼 수 있습니다.
>
> - **기본 키(Primary Key)**: 테이블 내에서 각 행을 고유하게 식별해주는 열입니다. 예를 들어 book_master 테이블의 isbn은 모든 도서를 고유하게 구분해주는 값이므로 기본 키가 됩니다.

- **외래 키(Foreign Key)**: 다른 테이블의 기본 키를 참조하는 열입니다. book_sales 테이블의 isbn은 실제로는 book_master 테이블의 isbn을 참조하므로 외래 키라고 할 수 있습니다.

- **조인(Join)**: 두 개의 테이블을 공통된 열을 기준으로 연결하여 하나의 결과처럼 보여주는 작업입니다. SQL에서는 이 조인 기능을 통해 다양한 테이블을 조합하여 원하는 정보를 추출할 수 있습니다.

이 용어들이 낯설 수 있지만, 지금은 '공통된 정보를 기준으로 테이블을 연결할 수 있다'는 핵심 개념만 이해해도 충분합니다. 이어지는 절에서 SQL 문법을 배울 때 이 연결 방식이 실제로 어떻게 작동하는지를 자세히 살펴보겠습니다.

1.1.4 데이터베이스와 대화하는 언어, SQL

지금까지 데이터베이스가 어떤 구조로 이루어져 있는지, 그리고 여러 개의 테이블이 어떻게 연결되어 더 많은 정보를 만들어내는지를 알아봤습니다. 이제 여러분은 데이터베이스가 정보를 체계적으로 저장하고 관리할 수 있는 훌륭한 도구라는 사실을 이해했을 것입니다.

그렇다면 이제부터는 **데이터베이스에 질문을 던지고, 필요한 정보를 꺼내고, 새로운 데이터를 입력하거나 수정하는 방법**을 알아보겠습니다. 데이터베이스는 사람의 언어를 직접 이해하지는 못합니다. 대신, **데이터베이스와 대화하기 위해 특별히 고안된 언어**가 있는데, 그것이 바로 SQL(Structured Query Language)입니다.

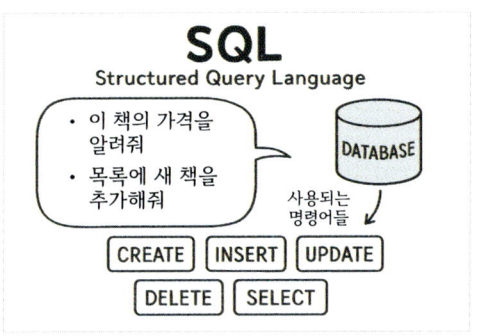

그림 1.7 데이터베이스와 대화하기 위한 언어인 SQL

SQL이란 무엇인가?

SQL 명령어는 크게 두 가지로 나눌 수 있습니다.[1]

첫 번째는 DDL(Data Definition Language), 즉 '데이터 정의어'입니다. 이는 데이터베이스의 구조를 정의하거나 수정하는 명령어입니다. 테이블을 새로 만들거나, 열을 추가하거나, 테이블 자체를 삭제하는 작업이 이에 해당합니다.

두 번째는 DML(Data Manipulation Language), 즉 '데이터 조작어'입니다. 이미 만들어진 테이블 안에 있는 데이터를 실제로 다루는 명령어입니다. 데이터를 넣고(INSERT), 바꾸고(UPDATE), 지우고(DELETE), 조회하는(SELECT) 작업이 여기에 속합니다.

서점을 비유로 들자면, 책장을 조립하거나 재배치하는 작업이 DDL, 그 책장에 책을 꽂고 빼고 정리하는 일이 DML이라고 생각하면 됩니다.

---

1 SQL에는 DCL(Data Control Language)이라는 데이터 제어어도 있습니다. 다만 이 책에서는 DDL과 DML만을 다루며, DCL은 설명하지 않습니다.

구분	명칭 (Full Name)	역할 및 목적	주요 명령어
DDL	Data Definition Language (데이터 정의어)	데이터베이스 객체(테이블 등)의 구조를 생성, 수정, 삭제	CREATE, ALTER, DROP
DML	Data Manipulation Language(데이터 조작어)	테이블 내의 실제 데이터를 삽입, 수정, 삭제, 조회	INSERT, UPDATE, DELETE, SELECT

표 1.6 두 가지 종류의 SQL 명령어 - DDL과 DML

지금부터는 자주 사용되는 SQL 명령어들을 예시와 함께 살펴보겠습니다. 예제는 앞에서 다뤘던 book_master와 book_sales 테이블을 기준으로 구성되어 있습니다.

CREATE: 테이블 만들기 (DDL)

CREATE TABLE 명령어는 새로운 테이블을 만들 때 사용합니다. 어떤 열(Column)을 포함할지, 각각의 열에 어떤 데이터 타입이 들어갈지를 함께 정의합니다.

```sql
-- 'book_master'라는 이름의 테이블 생성
CREATE TABLE book_master (
    isbn TEXT PRIMARY KEY,   -- ISBN (문자열, 고유 식별자)
    title TEXT,              -- 도서명
    author TEXT,             -- 저자
    pages INTEGER,           -- 페이지 수
    price INTEGER,           -- 도서 가격
    pubdate TEXT,            -- 출판일
    series TEXT,             -- 시리즈 정보
    url TEXT                 -- 도서 관련 URL
);
```

이 명령어는 마치 비어 있는 책장을 조립하는 작업이라고 볼 수 있습니다.

INSERT: 데이터 삽입하기 (DML)

INSERT INTO 명령어는 테이블에 **새로운 데이터 행(Row)**을 추가할 때 사용합니다.

```sql
-- 'book_sales' 테이블에 새로운 판매 기록 삽입
INSERT INTO book_sales (isbn, sales_date, sales_qty, sales_amt)
VALUES ('9788968481475', '2024-07-30', 10, 320000);
```

이 명령어는 만들어진 책장에 책을 꽂는 작업과 비슷합니다. 데이터를 한 줄씩 차곡차곡 채워나가는 과정입니다.

UPDATE: 데이터 수정하기 (DML)

기존 데이터를 변경할 때는 UPDATE 명령어를 사용합니다. 아래 UPDATE 명령문에서 WHERE 구문은 어떤 조건에 해당하는 데이터를 수정하는 것인지를 지정합니다.

```sql
-- '생활코딩! 프로그래밍 입문' 도서의 가격을 27000원에서 26000원으로 변경
UPDATE book_master
SET price = 26000
WHERE isbn = '9791158390518';
```

실제로 데이터베이스에서는 WHERE 조건이 매우 중요합니다. WHERE 구문으로 조건을 지정하지 않고 UPDATE 명령을 실행하면 모든 데이터가 변경될 수 있으니 주의해야 합니다.

DELETE: 데이터 삭제하기 (DML)

특정 데이터를 삭제할 때는 DELETE FROM 명령어를 사용합니다.

```sql
-- '생활코딩 머신러닝 이론편' 도서 정보를 삭제
DELETE FROM book_master
WHERE isbn = '9791158392666';
```

역시 WHERE 조건을 지정하지 않으면 테이블 안의 모든 데이터가 삭제될 수 있습니다.

SELECT: 데이터 조회하기 (DML)

SQL에서 가장 많이 사용되는 명령어는 단연 SELECT입니다. 원하는 조건에 맞는 데이터를 골라서 화면에 보여주는 명령입니다.

```sql
-- 가격이 30000원 이상인 도서의 제목과 저자만 조회
SELECT title, author
FROM book_master
WHERE price >= 30000;
```

필요한 데이터만 조회할 수 있는 강력한 기능으로 정렬, 조건, 그룹화 등을 함께 사용하면 더욱 다양하게 활용할 수 있습니다.

JOIN: 테이블 연결해서 조회하기 (DML)

JOIN은 데이터베이스의 관계형 구조에서 매우 중요한 기능입니다. 서로 다른 테이블을 공통된 열을 기준으로 연결해서 하나의 결과로 보여줍니다.

```sql
-- 'book_master'와 'book_sales'를 연결하여 도서의 일자별 판매수량 조회
SELECT
    bm.title AS 도서명,
    bs.sales_date AS 판매일,
    bs.sales_qty AS 판매수량
FROM
    book_master AS bm
INNER JOIN
    book_sales AS bs ON bm.isbn = bs.isbn;
```

TIP _ 알아두면 유용한 JOIN의 종류

JOIN에는 여러 가지 종류가 있으며, 연결 방식에 따라 결과가 달라집니다.

1. **INNER JOIN**: 두 테이블에 모두 존재하는 데이터만 조회합니다. 가장 일반적인 방식입니다.

2. **LEFT JOIN**: 왼쪽 테이블은 모두 가져오고, 오른쪽에 해당하는 데이터가 없으면 NULL로 채웁니다.

3. **RIGHT JOIN**: 오른쪽 테이블은 모두 가져오고, 왼쪽에 일치하는 데이터가 없으면 NULL로 표시됩니다.

4. **FULL OUTER JOIN**: 양쪽 모두의 데이터를 가져오며, 어느 한쪽에만 존재해도 결과에 포함됩니다.

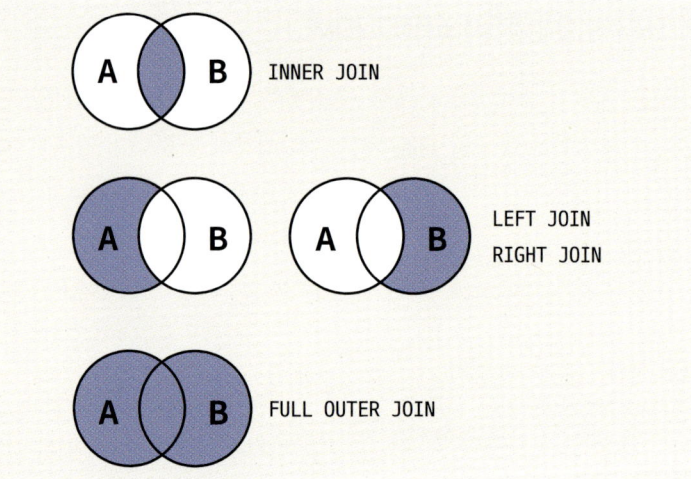

그림 1.8 여러 종류의 JOIN

각 JOIN 방식은 실제 상황에 따라 선택적으로 사용됩니다. 예를 들어, 모든 회원 목록과 그들의 주문 내역을 함께 보고 싶다면 LEFT JOIN을, 주문이 있는 회원만 보고 싶다면 INNER JOIN을 사용하면 됩니다.

지금까지 도서 판매 시스템을 예로 들어서 데이터베이스의 구조와 테이블을 서로 연결하는 방법을 배우고, 마지막으로 시스템에 원하는 것을 요청하는 언어인 SQL까지 살펴봤습니다.

물론 아직 배울 것은 많습니다. 하지만 여러분은 이제 데이터를 체계적으로 바라보고, 원하는 정보를 추출하고, 그로부터 새로운 가치를 만들어낼 수 있는 가장 중요한 기초를 다졌다고 할 수 있습니다.

1.2 SQLite 시작하기

이번 절에서는 SQLite가 무엇인지 알아보고 SQLite의 설치 방법을 살펴보겠습니다.

1.2.1 SQLite란?

데이터베이스는 DBMS(Database Management System, 데이터베이스 관리 시스템)라는 소프트웨어를 통해 데이터를 저장하고 관리합니다. DBMS는 데이터를 효율적으로 저장하고 조회할 수 있도록 관리하는 시스템이며, 대표적인 예로는 Oracle, MySQL, PostgreSQL, SQL Server 등이 있습니다. DBMS는 서버 환경에서 복잡한 데이터 처리나 대용량 데이터를 관리할 때 주로 사용됩니다.

그림 1.9 다양한 DB 시스템과 이 책에서 사용할 SQLite

SQLite는 이와 같은 DBMS 중 하나로, 작고 가벼운 데이터베이스 엔진입니다. 'Lite'라는 이름에서 알 수 있듯이 설치와 관리가 간편하고, 별도의 복잡한 설정이 필요 없는(zero-configuration) 점이 특징입니다. SQLite는 별도의 서버 없이 애플리케이션에 직접 포함(임베드)되어 작동하며, 모든 데이터는 하나의 파일로 저장됩니다.

SQLite의 주요 특징과 장점은 다음과 같습니다.

- **서버리스(Serverless)**: 별도의 데이터베이스 서버를 설치하거나 관리할 필요가 없습니다. 개별 컴퓨터에 저장된 데이터베이스 파일 하나로 모든 것이 작동하므로 유지 보수가 간단하고 비용이 절감됩니다.
- **설정 불필요(Zero-configuration)**: 복잡한 초기 설정 없이 곧바로 사용할 수 있어 초보자도 쉽게 접근 가능합니다.
- **단일 파일로 데이터 저장**: 데이터베이스 전체가 하나의 파일로 저장되어 백업과 이동, 복제가 매우 용이합니다.
- **트랜잭션 완벽 지원(ACID)**: 데이터의 일관성, 원자성, 고립성, 지속성(Atomicity, Consistency, Isolation, Durability)을 완벽하게 지원하여 데이터 무결성을 보장합니다.
- **크로스 플랫폼**: 윈도우, 맥OS, 리눅스 등 다양한 운영체제에서 동일하게 작동합니다.
- **오픈 소스**: 무료이며 라이선스 제약 없이 자유롭게 사용할 수 있습니다.

SQLite는 이러한 서버리스 구조, 설정의 편의성, 파일 기반 데이터 관리, 뛰어난 이식성, 오픈소스 라이선스 등의 장점 덕분에 다양한 분야에서 폭넓게 사용됩니다. 데스크톱 애플리케이션의 로컬 데이터 저장소, 웹 브라우저의 쿠키 및 로컬 스토리지 관리, 사물인터넷(IoT) 기기나 임베디드 시스템의 경량 데이터 관리, 그리고 테스트 및 프로토타입 개발 시에도 흔히 활용됩니다. 특히, 가볍고 간편한 구조 덕분에 개인 프로젝트나 소규모 애플리케이션, 간단한 웹사이트 등에서 인기가 높습니다.

SQLite는 대부분의 운영체제에 기본으로 포함되어 있거나 쉽게 설치할 수 있습니다. 다음 절에서는 윈도우 환경과 macOS 환경에서 SQLite를 설치하는 방법을 살펴보겠습니다.

1.2.2 윈도우 환경에서 SQLite 설치하기

윈도우에서는 SQLite를 직접 다운로드하여 설치해야 합니다. 별도의 설치 프로그램이 없으므로 압축을 해제하고 환경 변수를 설정하는 과정이 필요합니다.

01. SQLite 공식 다운로드 페이지에 접속한 다음 'Precompiled Binaries for Windows' 섹션에서 [sqlite-tools-win32-x86-*.zip (32비트)] 또는 [sqlite-tools-win-x64-*.zip (64비트)] 파일을 다운로드합니다.[2]

- SQLite 공식 다운로드 페이지: https://www.sqlite.org/download.html

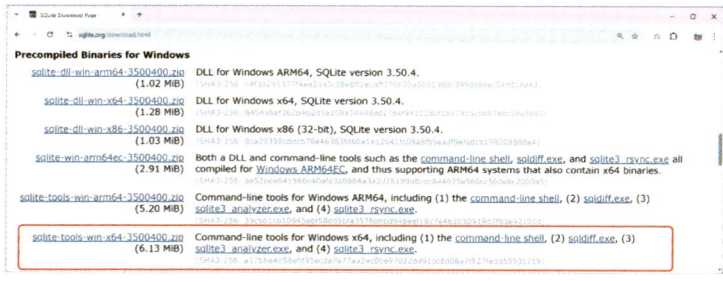

그림 1.10 SQLite 공식 다운로드 페이지에서 설치 파일 다운로드

---

[2] 파일명에 있는 '*'표시는 버전 번호로, 다운로드하는 시점에 따라 이 책에 기재된 버전 번호와 다를 수 있으므로 최신 버전을 확인하여 다운로드하세요.

02. 다운로드한 ZIP 파일의 압축을 해제하고, sqlite3.exe , sqldiff.exe , sqlite3_analyzer.exe 파일이 있는 폴더를 원하는 위치에 저장합니다. 이 책에서는 C:\sqlite 경로에 저장했습니다.

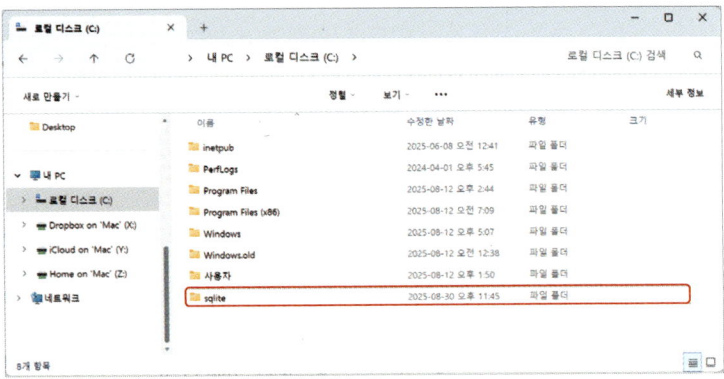

그림 1.11 압축을 해제하고 원하는 위치에 저장

03. 시스템 환경 변수를 설정하여 어느 경로에서든 SQLite 명령어를 실행할 수 있도록 합니다. 먼저 제어판을 열고 [시스템 및 보안]으로 이동합니다.

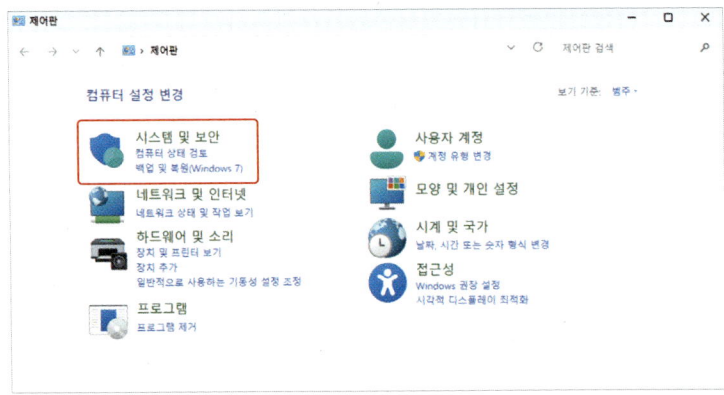

그림 1.12 제어판에서 [시스템 및 보안] 선택

04. [시스템] – [고급 시스템 설정]을 클릭합니다.

그림 1.13 [시스템] - [고급 시스템 설정] 선택

05. 시스템 속성 창이 열리면 [고급] 탭을 선택하고 [환경 변수]를 클릭합니다.

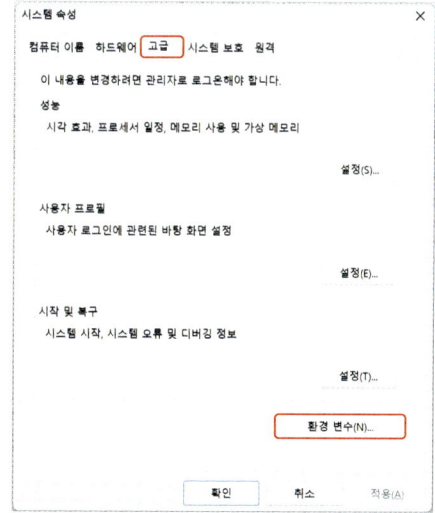

그림 1.14 고급 탭에서 환경 변수 선택

06. '시스템 변수' 섹션에서 'Path'를 찾아 [편집]을 클릭합니다.

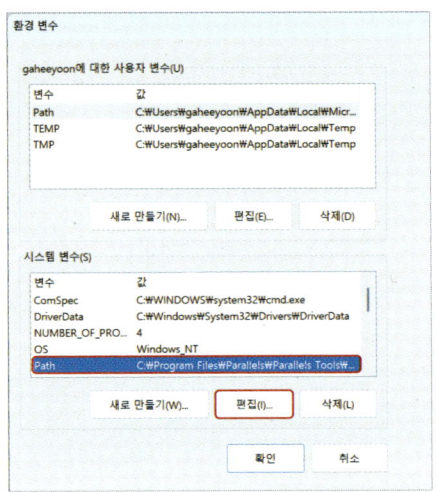

그림 1.15 시스템 변수에서 Path 편집

07. [새로 만들기]를 클릭하고 SQLite 실행 파일이 있는 폴더의 경로(예: C:\sqlite)를 추가합니다. 모든 창의 [확인] 버튼을 눌러 닫습니다.

그림 1.16 환경 변수 편집

08. 시작 표시줄의 검색 창에서 'cmd'를 입력한 다음 [명령 프롬프트]를 클릭해 명령 프롬프트를 실행합니다.

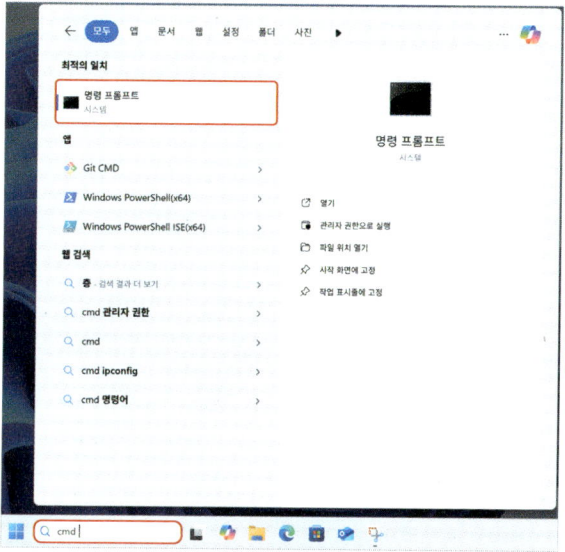

그림 1.17 명령 프롬프트 실행

09. 명령 프롬프트에서 다음 명령어를 입력하여 SQLite가 설치되어 있는지 확인합니다. 설치가 정상적으로 되었다면 SQLite 버전이 표시됩니다.

```
sqlite3 --version
```

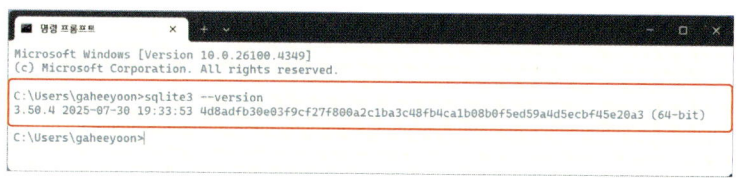

그림 1.18 SQLite가 설치되어 있는지 확인

1.2.3 macOS 환경에서 SQLite 설치하기

macOS에는 대부분 SQLite가 기본으로 설치되어 있습니다. 터미널을 통해 다음과 같이 SQLite가 설치되어 있는지 간단하게 확인할 수 있습니다.

01. 먼저 macOS에서 터미널(terminal)을 실행합니다. Launchpad에서 '터미널'을 검색하거나, [응용 프로그램] – [유틸리티] 폴더에서 [터미널]을 찾을 수 있습니다.

그림 1.19 터미널 실행

02. 터미널에 다음 명령어를 입력하여 SQLite 설치 여부를 확인합니다. SQLite의 버전 정보가 출력되면 이미 설치되어 있는 상태입니다(SQLite가 설치돼 있다면 다음 절로 넘어갑니다). 버전 번호가 출력되지 않거나 최신 버전이 필요한 경우, Homebrew를 사용하여 간단하게 설치할 수 있습니다.

```
sqlite3 --version
```

03. 터미널에서 다음 명령어를 입력하여 Homebrew가 설치되어 있는지 확인합니다.

```
brew --version
```

04. Homebrew가 설치되지 않았다면, 다음의 명령어를 사용하여 Homebrew를 설치합니다. 만약 설치되어 있다면 Homebrew의 버전 정보가 출력되고, 설치되어 있지 않다면 'command not found'라는 메시지가 표시됩니다.

```
/bin/bash -c "$(curl -fsSL https://raw.githubusercontent.com/
Homebrew/install/HEAD/install.sh)"
```

05. Homebrew 설치 후 터미널에 다음 명령어를 입력하여 SQLite를 설치합니다.

```
brew install sqlite
```

06. 다음 명령어를 다시 입력하여 SQLite가 정상적으로 설치되었는지 확인합니다. 정상적으로 설치되었다면 최신 SQLite 버전 정보가 출력됩니다.

```
sqlite3 --version
```

1.3 DB Browser for SQLite 시작하기

이 절에서는 SQLite를 시각적으로 쉽게 다룰 수 있도록 도와주는 도구인 DB Browser for SQLite에 대해 알아보고, 윈도우와 macOS 환경에서 각각 설치하는 방법을 살펴보겠습니다.

1.3.1 DB Browser for SQLite란?

DB Browser for SQLite(DB4S)는 SQLite 데이터베이스를 명령 프롬프트나 터미널에서 직접 조작하는 대신, 시각적인 인터페이스를 통해 쉽고 직관적으로 다룰 수 있게 해주는 오픈소스 프로그램입니다. 특히 SQL 명령어에 익숙하지 않은 초보자도 마치 엑셀을 다루듯 간편하게 데이터베이스 파일을 생성하고, 데이터를 검색 및 편집할 수 있습니다.

DB Browser for SQLite의 주요 장점은 다음과 같습니다.

- **시각적 인터페이스 제공**: 명령어 입력 없이 마우스 클릭만으로 데이터베이스를 쉽게 관리할 수 있습니다.
- **SQL 자동 생성 및 실행 지원**: SQL 명령어를 몰라도 데이터베이스 작업을 수행할 수 있으며, SQL 문법을 학습할 때도 도움을 줍니다.
- **CSV 등 데이터 파일 가져오기 지원**: 외부 데이터 파일을 쉽게 불러와 테이블을 생성하거나 기존 데이터를 관리할 수 있습니다.
- **크로스 플랫폼 지원**: 윈도우, macOS, 리눅스 등 다양한 운영체제에서 동일한 방식으로 작동합니다.
- **오픈 소스 및 무료**: 누구나 무료로 사용할 수 있고, 지속적으로 커뮤니티에서 개선 및 업데이트됩니다.

다음 절에서는 윈도우 환경과 macOS 환경에서 DB Browser for SQLite를 설치하는 방법을 살펴보겠습니다.

1.3.2 윈도우 환경에서 DB Browser for SQLite 설치하기

윈도우 환경에서 DB Browser for SQLite를 설치하는 방법은 다음과 같습니다.

01. DB Browser for SQLite 공식 다운로드 페이지에 접속한 다음 'Standard installer' 항목에서 자신의 운영체제 버전에 맞는 설치 프로그램을 다운로드합니다.

- DB Browser for SQLite 공식 다운로드 페이지: https://sqlitebrowser.org/dl/#windows

그림 1.20 DB Browser for SQLite 다운로드

02. 다운로드한 설치 파일(.exe)을 실행하여 화면의 안내에 따라 설치를 진행합니다. 설치 과정은 설치 마법사의 안내에 따라 간단히 진행할 수 있으며, 특별히 복잡한 부분은 없으므로 자세한 설명은 생략하겠습니다.

그림 1.21 DB Browser for SQLite 설치 파일 실행

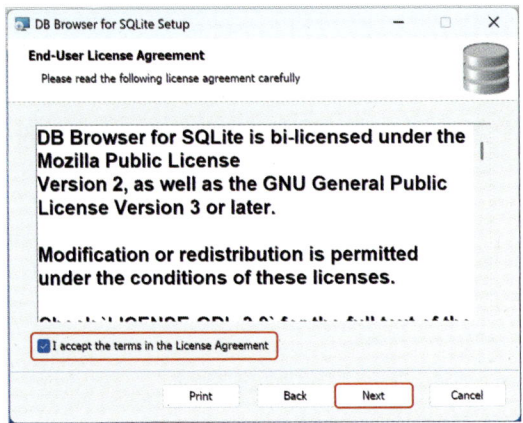

그림 1.22 DB Browser for SQLite 설치 - 약관에 동의

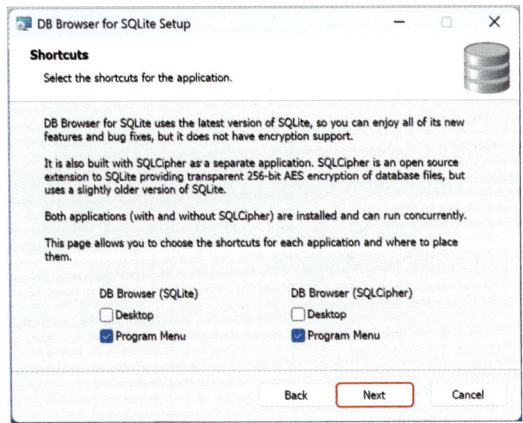

그림 1.23 DB Browser for SQLite 설치 - 바로가기 메뉴 설정

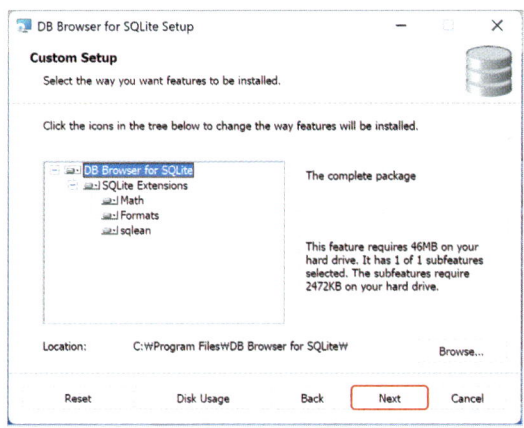

그림 1.24 DB Browser for SQLite 설치 - 설치 경로 지정

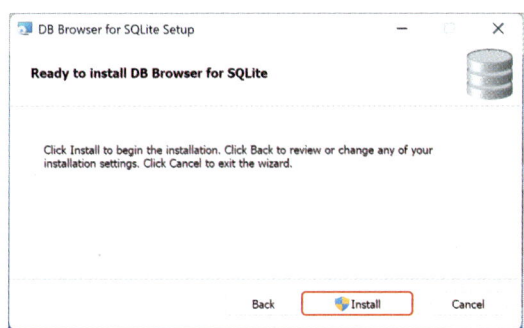

그림 1.25 DB Browser for SQLite 설치

그림 1.26 DB Browser for SQLite 설치 완료

03. 설치를 마무리 하고 프로그램을 실행하면 다음과 같은 화면을 볼 수 있으며, 직관적인 사용자 인터페이스를 통해 쉽게 데이터베이스 작업을 시작할 수 있습니다.

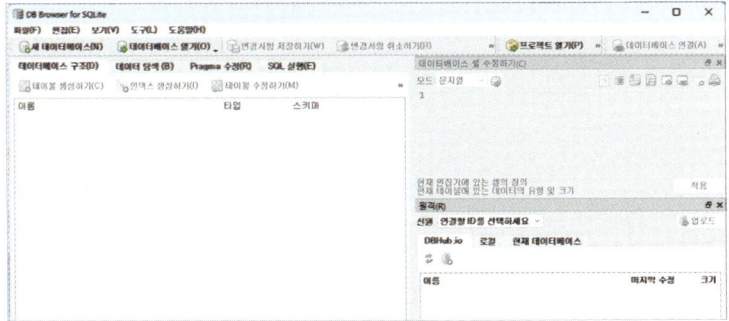

그림 1.27 DB Browser for SQLite 화면 구성

1.3.3 macOS 환경에서 DB Browser for SQLite 설치하기

macOS 환경에서는 DB Browser for SQLite를 두 가지 방법으로 설치할 수 있습니다. 먼저 공식 웹사이트를 통한 설치 방법은 다음과 같습니다.

01. DB Browser for SQLite 공식 다운로드 페이지에 접속한 다음, 'Standard installer' 항목에서 자신의 운영체제 버전에 맞는 설치 프로그램을 다운로드합니다.

- DB Browser for SQLite 공식 다운로드 페이지: https://sqlitebrowser.org/dl/#macos

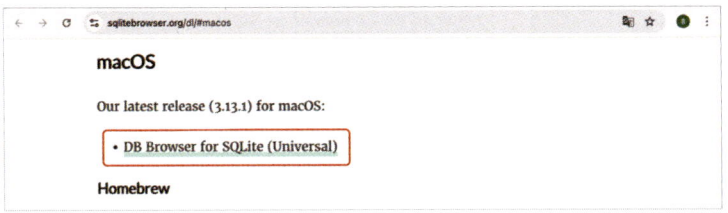

그림 1.28 DB Browser for SQLite 다운로드

02. 다운로드한 설치 파일 (.dmg)을 실행하고, 왼쪽에 있는 DB Browser for SQLite 파일을 오른쪽 Applications 폴더에 드래그 앤드 드롭하여 설치합니다.

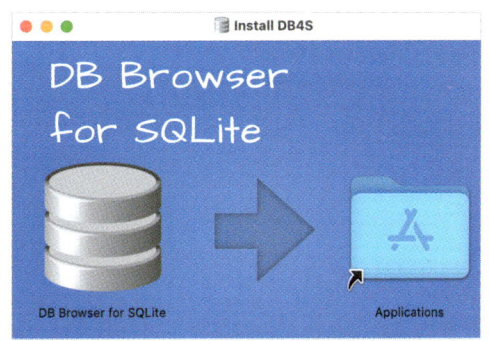

그림 1.29 DB Browser for SQLite 설치하기

03. 설치가 완료되면 응용 프로그램 폴더에서 DB Browser for SQLite를 찾아 실행할 수 있습니다. DB Browser for SQLite를 실행하면 다음과 같은 화면을 볼 수 있으며, 직관적인 사용자 인터페이스를 통해 쉽게 데이터베이스 작업을 시작할 수 있습니다.

Homebrew를 사용하는 경우, 터미널을 열고 다음 명령어를 입력하여 간단히 설치할 수 있습니다.

```
brew install --cask db-browser-for-sqlite
```

1.3.4 DB Browser for SQLite의 화면 구성

DB Browser for SQLite는 메뉴와 작업창으로 구성되어 있습니다. 메뉴에서는 CSV 파일을 가져와서 필요한 테이블을 생성하는 작업을 진행할 수 있으며, 작업창에서는 데이터베이스를 이용한 다양한 작업을 수행할 수 있습니다. 윈도우 프로그램 기준으로 DB Browser for SQLite 프로그램의 중요한 기능은 다음과 같습니다.

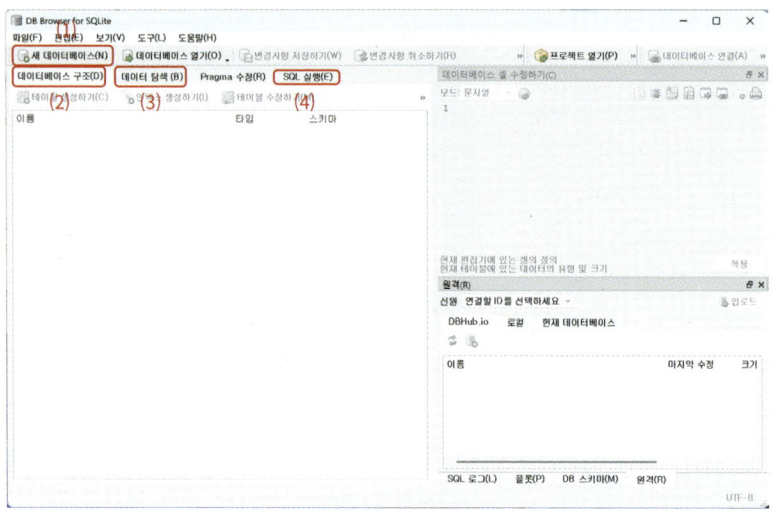

그림 1.30 DB Browser for SQLite 주요 메뉴(윈도우 기준)

(1) **새 데이터베이스**: 새로운 데이터베이스를 생성합니다.

(2) **데이터베이스 구조**: 데이터베이스 내 테이블 구성 등을 조회할 수 있습니다.

(3) **데이터 탐색**: 테이블에 저장된 실제 데이터를 조회합니다.

(4) **SQL 실행**: 데이터 조회, 수정, 삭제 등의 SQL 명령어를 실행할 수 있는 창입니다.

참고로 macOS에서는 메뉴바와 작업창이 별도로 나뉘어 있지만, 구성과 작업 내용은 모두 동일합니다. 따라서 이 책에서는 윈도우 화면을 기준으로 설명합니다.

[DB Browser for SQLite의 상단 메뉴바]

[DB Browser for SQLite의 상단 메뉴바]

그림 1.31 macOS 환경에서의 DB Browser for SQLite 화면 구성

1.3.5 DB Browser for SQLite에서 새 데이터베이스 추가하기

앞 절에서는 DB Browser for SQLite의 전체적인 화면 구성과 주요 메뉴에 대해 살펴보았습니다. 이제 본격적으로 실습에 사용할 데이터베이스 파일을 새로 만들어보겠습니다.

새 데이터베이스 파일 생성하기

01. DB Browser for SQLite를 실행하고, 상단 메뉴에서 [파일] – [새 데이터베이스 만들기] 항목을 클릭하거나 상단에서 [새 데이터베이스] 메뉴를 클릭합니다.

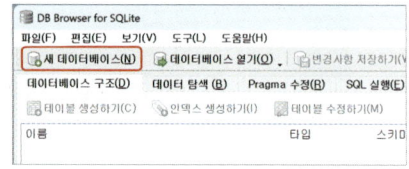

그림 1.32 새 데이터베이스 만들기

02. 파일 저장 대화창이 열리면, 저장 위치를 C:\sqlite\로 지정하고, 파일 이름을 book_sales_info.db로 입력한 후 [저장]을 클릭합니다. (아직 C:\sqlite 폴더가 없다면, 먼저 직접 폴더를 만든 후 그 위치를 지정해 주세요).

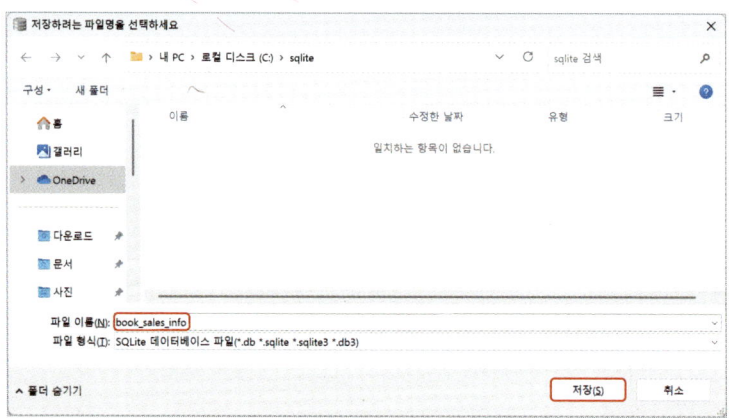

그림 1.33 C:\sqlite 폴더에 book_sales_info.db 파일 저장

> **참고** _ macOS에서는 데이터베이스 파일을 /Users/사용자이름/sqlite/book_sales_info.db 경로에 저장합니다. 이후 실습에서도 Windows용 경로(C:/sqlite/...) 대신, 자신이 저장한 macOS 경로를 그대로 사용하면 됩니다. 나머지 작업 흐름은 윈도우와 동일합니다.

03. 이후 '새 테이블 만들기' 창이 자동으로 뜨지만, 지금은 테이블을 생성하지 않아도 되므로, 화면 오른쪽 아래의 [취소] 버튼을 눌러 창을 닫습니다. (테이블 생성은 다음 장에서 CSV 파일을 불러오면서 진행할 예정입니다).

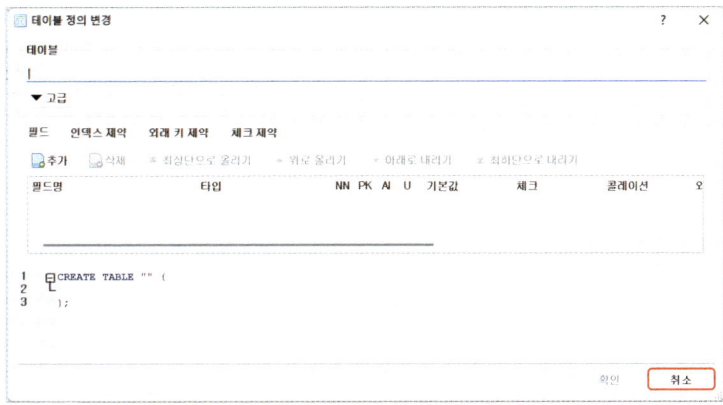

그림 1.34 테이블 생성 건너 뛰기

04. 화면 왼쪽 상단의 [데이터베이스 구조] 탭에서 방금 만든 빈 데이터베이스가 선택된 것을 확인할 수 있습니다.

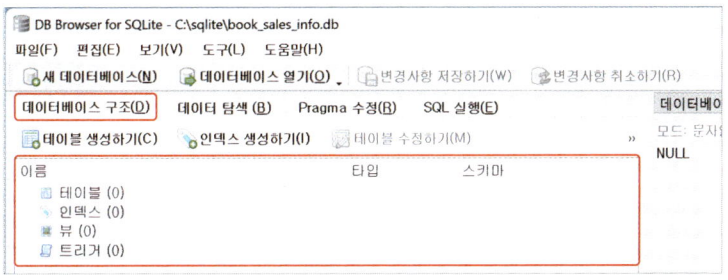

그림 1.35 생성된 데이터베이스 파일 확인

이제 실습에 사용할 book_sales_info.db 파일이 준비되었습니다. 앞으로 이 데이터베이스에 다양한 테이블을 추가하고, 데이터를 입력하거나 SQL 명령어를 실행해 볼 것입니다.

PART

02

SQLite MCP로 다양한 데이터 분석 업무 자동화하기

오늘날 AI는 단순히 질문에 답하는 도구를 넘어, 실제 환경에서 유용한 작업을 수행할 수 있는 범용 도구로 진화하고 있습니다. 하지만 이러한 모델이 현실 세계에서 의미 있는 역할을 하려면 인간과 마찬가지로 다양한 외부 시스템과 소통할 수 있어야 합니다.

예를 들어 일정 관리 앱에서 정보를 불러오거나, 데이터베이스를 조회해 통계를 계산하거나, 이메일을 자동으로 전송하는 등의 작업은 모두 외부 시스템과의 연동 없이는 불가능합니다. 이런 상황에서 MCP(-Model Context Protocol)는 언어 모델이 외부 환경과 안전하고 효율적으로 연결될 수 있도록 도와주는 중요한 역할을 합니다.

Part 2에서는 MCP의 기본 개념을 소개한 후, Claude와 SQLite를 연동해 실제 데이터를 처리하는 과정을 단계별로 실습해 보겠습니다.

2.1 MCP란?

AI가 실제 업무 환경에서 제 역할을 하려면 단순한 텍스트 생성 기능만으로는 부족합니다. 다양한 시스템, 애플리케이션, 데이터와 효과적으로 연결되어야 합니다. 이러한 연결을 가능하게 해주는 것이 바로 MCP(Model Context Protocol)입니다.

MCP는 AI가 다양한 시스템 및 데이터를 일관된 방식으로 사용할 수 있게 해주는 개방형 프로토콜입니다. 마치 USB-C 포트 하나로 여러 기기를 연결하듯, MCP는 각기 다른 외부 자원을 통일된 방식으로 연결해 줍니다.

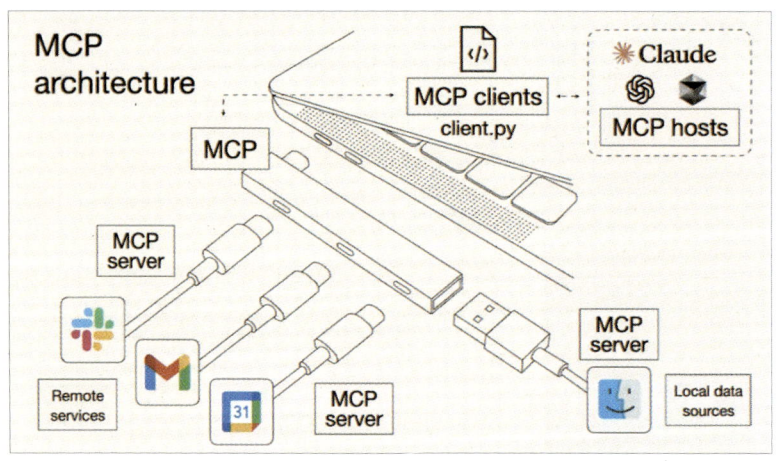

그림 2.1 다양한 외부 자원을 연결해 주는 MCP

USB-C는 하나의 포트를 통해 충전, 데이터 전송, 영상 출력 등 여러 기능을 수행하며, 기기 간 연결을 단순화합니다. 각기 다른 기기들이 모두 동일한 방식으로 연결되기 때문에 사용자 입장에서는 복잡한 설정 없이도 손쉽게 다양한 장치를 사용할 수 있습니다.

마찬가지로 MCP는 AI가 각기 다른 앱이나 시스템과 연결되는 복잡한 과정을 통일된 규격으로 단순화해줍니다. 이를 통해 개발자는 시스템마다 별도의 연결 방식을 고려할 필요 없이, 공통된 MCP 방식으로 AI와 외부 시스템을 연동할 수 있습니다.

2.1.1 Anthropic의 Claude MCP

AI가 외부 시스템과 통합돼 실질적인 작업을 수행한다는 개념을 실제로 구현한 대표적인 사례가 바로 Anthropic의 Claude MCP입니다.

Claude MCP는 언어 모델이 단순한 텍스트 응답을 넘어서, 외부 애플리케이션과 안전하고 일관된 방식으로 상호작용할 수 있게 설계됐습니다. Claude에 MCP를 적용하면 다음과 같은 다양한 작업을 수행할 수 있습니다.

- 일정 관리 앱과 연동해 실제 캘린더 정보를 조회
- 파일 시스템을 탐색하여 문서를 찾거나 요약
- 이메일을 자동으로 생성 및 전송
- 데이터베이스에 접속하여 구조화된 데이터를 질의 및 가공

예를 들어 사용자가 "내일 회의 일정 알려줘"라고 물으면 Claude는 실제로 캘린더 앱에 연결하여 해당 정보를 조회한 뒤, 정확한 일정을 응답할 수 있습니다. 단순한 언어 모델이 아닌, 현실 세계의 시스템을 조작하는 도우미로 기능하는 셈입니다.

또한 Claude MCP는 반복 업무 자동화에도 강력한 효과를 발휘합니다. 예를 들어 AI가 직접 이메일을 전송하거나 파일을 정리하도록 설정해두면 사용자는 단순한 명령만으로 반복적인 작업을 처리할 수 있습니다. 이를 통해 업무 생산성이 크게 향상되며, 사용자는 더 중요한 일에 집중할 수 있는 환경이 조성됩니다.

무엇보다 Claude MCP는 접근 권한을 명시적으로 지정하는 구조를 갖고 있어, 사용자가 허용한 시스템만 AI가 접근할 수 있게 제한할 수 있습니다. 이를 통해 민감한 정보의 노출이나 오용 위험을 최소화하면서도, 높은 수준의 연결성과 편의성을 확보할 수 있습니다.

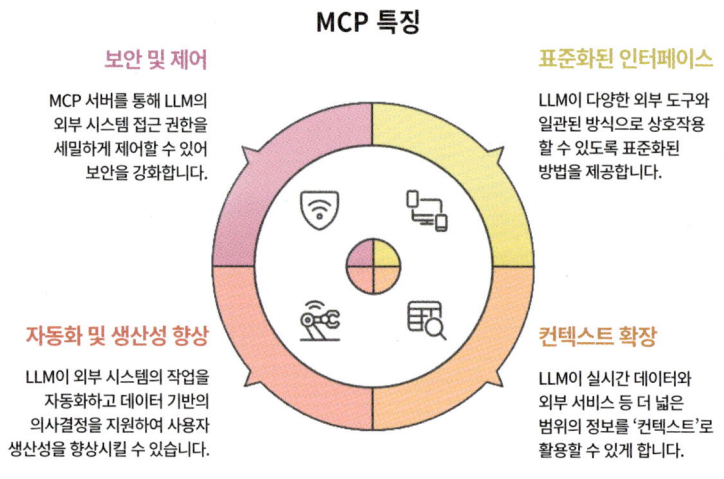

그림 2.2 Claude MCP의 주요 특징

요약하면 Claude MCP는 단순히 AI의 응답 정확도를 높이는 데 그치지 않고, AI를 유용하고 신뢰할 수 있는 도구로 진화시키는 기반 기술입니다. 다음 절에서는 Claude MCP의 기본 작동 방식과 구조를 이해하기 위해 먼저 MCP를 설치하고 간단한 예제를 실습한 뒤, Claude와 대표적인 관계형 데이터베이스인 SQLite를 연동하는 방법을 단계별로 알아보겠습니다.

2.2 Claude MCP 설치하기

Claude MCP 기능을 활용하려면 몇 가지 사전 준비가 필요합니다. Claude가 로컬 컴퓨터에 있는 데이터베이스나 파일과 원활하게 통신하려면, 이를 연결해 주는 실행 환경과 설정 파일이 필요하기 때문입니다. 이 절에서는 Claude MCP를 사용하기 위해 꼭 필요한 도구들을 설치하고, 설정을 적용하는 전체 과정을 단계별로 안내합니다.

실습 환경 준비하기

Claude MCP는 내부적으로 다양한 방식으로 실행할 수 있도록 설계되어 있습니다. 대표적으로는 Node.js 기반 방식과 Python 기반 방식이 있습니다. 각각 장단점이 있지만, 특히 SQLite와 함께 사용하는 MCP 서버의 경우, Python 기반의 uvx 방식이 훨씬 간단하고 안정적으로 작동합니다.

Node.js + npm을 활용하는 방식도 가능하긴 하지만, 의존성 관리가 다소 복잡하고 운영체제마다 동작 방식에 차이가 있어 초보자에게는 진입

장벽이 될 수 있습니다. 반면 Python + uvx는 설치가 훨씬 간단하고, 별도의 환경 설정 없이도 MCP 서버를 바로 실행할 수 있어 실습 과정이 매끄럽습니다.

이러한 이유로 이 책에서는 Python과 uvx를 활용하는 실습 방식을 기준으로 설명을 진행합니다.

이제부터 Python과 uvx 설치, Claude Desktop 앱 설치, 설정 파일 수정까지의 전체 흐름을 차근차근 살펴보겠습니다.

2.2.1 윈도우 환경에서 Python 설치하기

Claude MCP에서 SQLite 서버를 실행하려면 Python이 필요합니다. Python은 데이터 분석과 인공지능 분야에서 널리 사용되는 범용 언어로, Claude와 같은 AI 도구와도 궁합이 잘 맞습니다. 이 책에서는 Python 환경에서 uvx라는 실행 도구를 사용해 MCP 서버를 구동합니다. 따라서 Python이 미리 설치되어 있어야 이후 실습을 원활하게 진행할 수 있습니다.

> **TIP _ Python이란?**
> Python은 초보자부터 전문가까지 폭넓게 사용하는 대표적인 프로그래밍 언어입니다. 문법이 간단하고 읽기 쉬우며, 데이터 처리, 웹 개발, 인공지능 등 다양한 분야에서 널리 활용되고 있습니다. 이 책에서는 Python을 직접 코딩에 사용하지는 않지만, MCP 서버를 실행하기 위한 기반으로 꼭 필요합니다.

설치 방법

Python 설치는 공식 웹사이트에서 설치 파일을 내려받아 진행합니다. 설치 과정에서 반드시 확인해야 할 중요한 옵션이 하나 있는데, 설치 도중 'Add Python to PATH'라는 항목이 나오면 반드시 체크해야 합니다. 이 옵션을 선택하지 않으면 나중에 Python 명령어가 인식되지 않아 오류가 발생할 수 있습니다.

01. 먼저 Python 공식 사이트에 접속합니다.

    - Python 공식 사이트: https://www.python.org/

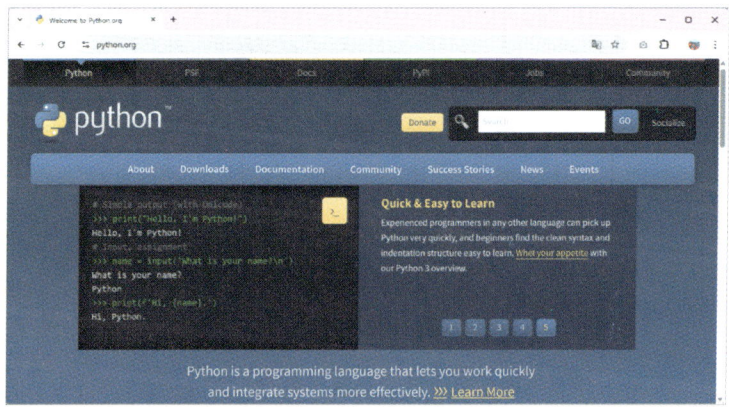

그림 2.3 Python 공식 홈페이지

02. 화면 상단에서 [Download] 메뉴를 선택한 다음 [Download Python] 버튼을 클릭하여 운영체제에 맞는 최신 버전의 설치 파일(.exe)을 다운로드합니다.

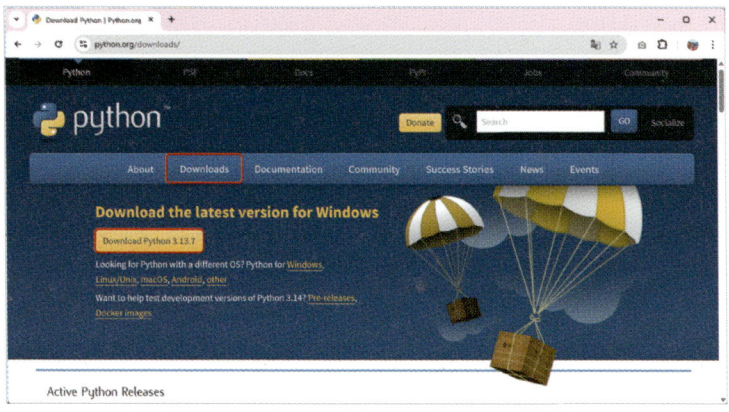

그림 2.4 Python 설치 파일 다운로드

03. 설치 파일을 실행하면 설치 마법사가 시작됩니다. 첫 화면에서 반드시 'Add Python to PATH' 항목을 체크한 뒤, [Install Now] 버튼을 클릭해 설치를 진행합니다.

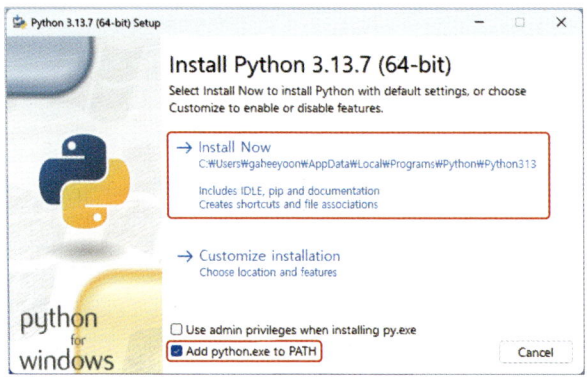

그림 2.5 Add Python to PATH' 옵션 체크 후 설치 시작

04. 설치가 끝나면 [Close] 버튼을 클릭해 마법사를 종료합니다.

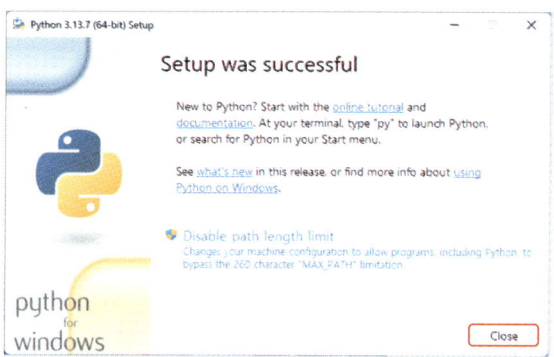

그림 2.6 Python 설치 완료

05. 시작 표시줄의 검색 창에서 cmd를 입력한 다음 [명령 프롬프트]를 클릭해 명령 프롬프트를 실행합니다.

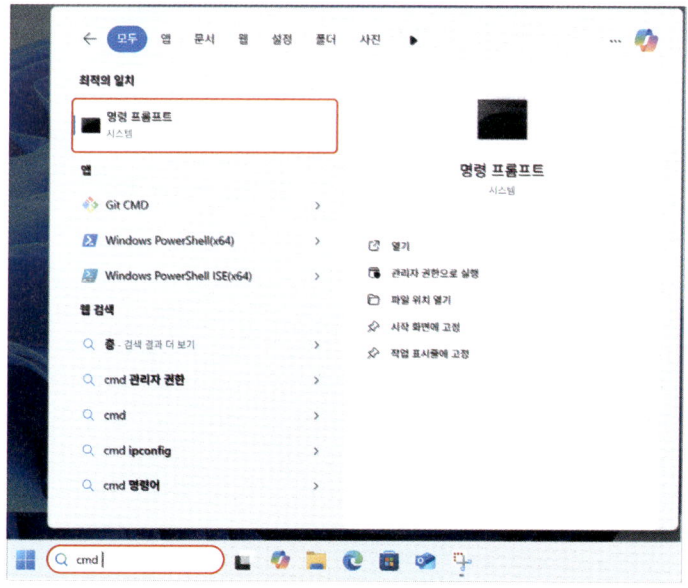

그림 2.7 명령 프롬프트 실행

02부 _ SQLite MCP로 다양한 데이터 분석 업무 자동화하기

06. 설치 확인을 위해 명령 프롬프트를 열고 다음 명령어를 입력합니다. 명령어를 입력했을 때 Python의 버전 정보가 Python 3.13.7과 같이 출력되면 정상적으로 설치된 것입니다(출력되는 버전 정보는 설치하는 시점에 따라 다를 수 있습니다).

```
python --version
Python 3.13.7
```

2.2.2 윈도우 환경에서 uv 및 uvx 설치하기

Python 설치가 끝났다면, 이제 Claude MCP 서버를 실행하기 위한 도구인 uv와 uvx를 설치할 차례입니다. 이 도구들은 Python 프로그램을 설치하고 실행할 때 필요한 과정들을 자동으로 처리해 주기 때문에, 별도의 복잡한 환경 설정 없이 Claude MCP 서버를 빠르게 시작할 수 있습니다.

특히 Claude MCP용 SQLite 서버는 uvx를 통해 실행하면 별도 설정 없이도 안정적으로 동작하기 때문에 이 책에서는 기본 실행기로 uvx를 사용합니다.

> **TIP _ uv와 uvx란?**
>
> uv는 Python 프로그램을 설치하고 실행 환경을 자동으로 구성해 주는 도구입니다. 기존에 사용되던 pip, virtualenv, venv 등을 하나로 통합한 최신 방식으로, 사용법이 훨씬 간단하고 속도도 빠릅니다.
>
> uvx는 uv가 함께 제공하는 실행기로, 설치된 프로그램을 쉽게 실행할 수 있도록 도와줍니다. Claude MCP 실습에서는 바로 이 uvx를 통해 SQLite 서버를 실행하게 됩니다.

PowerShell 실행하기

이 절에서는 PowerShell을 사용해 uv와 uvx를 설치하는 방법을 안내합니다. PowerShell은 Windows 운영체제에 기본으로 포함돼 있어 별도 설치 없이 바로 실행 가능합니다.

01. 시작 메뉴에서 'PowerShell'을 검색해 실행합니다. 검색된 Windows PowerShell 항목을 마우스 오른쪽 버튼으로 클릭한 다음, [관리자 권한으로 실행]을 선택합니다.

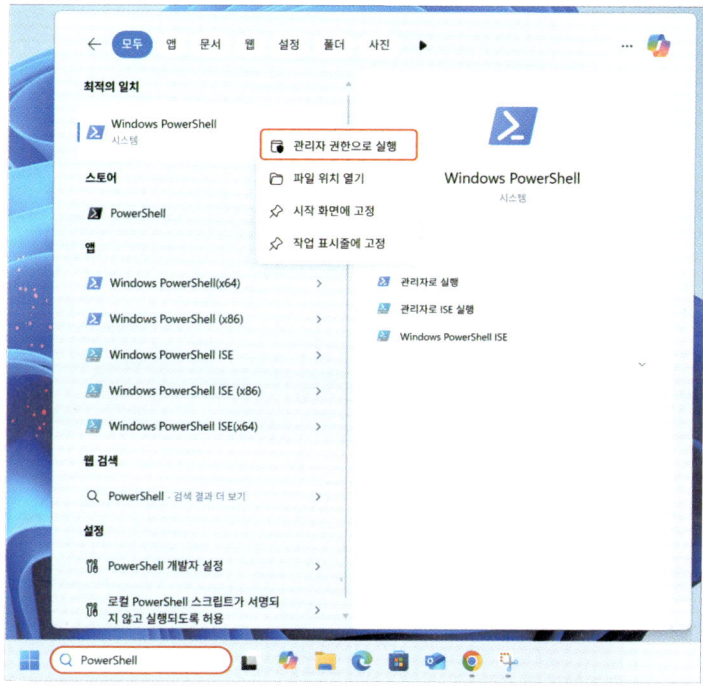

그림 2.8 관리자 권한으로 PowerShell 실행

> **참고** _ PowerShell은 관리자 권한으로 실행하는 것이 가장 안전하고 확실한 방법입니다. 권한을 묻는 창이 뜨면 [예]를 클릭해 주세요.

uv 설치 명령어 입력하기

PowerShell 창에 다음 명령어를 복사해서 붙여넣고 Enter 키를 눌러 명령어를 실행합니다. 이 명령은 uv 설치 스크립트를 인터넷에서 다운로드한 뒤 바로 실행해주는 기능을 합니다. 설치 과정은 자동으로 진행되며, 일반적으로 10초 이내에 완료됩니다.

```
powershell -ExecutionPolicy Bypass -c "irm https://astral.sh/uv/install.ps1 | iex"
```

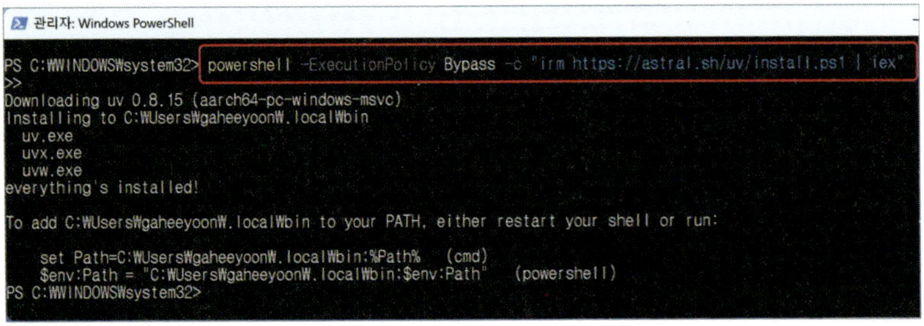

그림 2.9 PowerShell에서 uv 설치하기

uv 설치 확인하기

설치가 끝났다면 PowerShell 창에 아래 두 명령어를 순서대로 입력해 설치가 잘 되었는지 확인해 봅니다. 두 명령어를 입력했을 때 각각 버전 번호가 출력되면 설치가 성공적으로 완료된 것입니다.

```
uv --version
uv 0.8.15
uvx --version
uvx 0.8.15
```

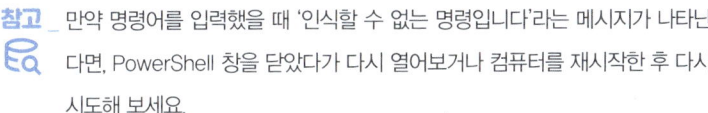

그림 2.10 PowerShell에서 uv 설치 확인하기

> **참고** _ 만약 명령어를 입력했을 때 '인식할 수 없는 명령입니다'라는 메시지가 나타난다면, PowerShell 창을 닫았다가 다시 열어보거나 컴퓨터를 재시작한 후 다시 시도해 보세요.

이제 Python과 uv, uvx까지 모두 설치가 완료되었습니다. 다음 절에서는 Claude Desktop 앱을 설치하고, SQLite MCP 서버를 실행할 수 있도록 설정 파일을 수정하는 과정을 살펴보겠습니다.

2.2.3 macOS 환경에서 Python 설치하기

Claude MCP에서 SQLite 서버를 실행하려면 Python이 필요합니다. Python은 데이터 분석과 인공지능 분야에서 널리 사용되는 범용 언어로, Claude와 같은 AI 도구와도 궁합이 잘 맞습니다. 이 책에서는 Python 환경에서 uvx라는 실행 도구를 사용해 MCP 서버를 구동합니다. 따라서 Python이 미리 설치되어 있어야 이후 실습을 원활하게 진행할 수 있습니다.

macOS에는 Python이 기본적으로 설치돼 있긴 하지만, 버전이 낮을 수 있습니다. 이 책에서는 Claude MCP와 호환되는 Python 3.9 이상 버전을 사용해야 하므로 Homebrew라는 패키지 관리자를 이용해 Python을 새로 설치하는 방법을 안내합니다.

> **TIP _ Homebrew란?**
> Homebrew는 macOS 전용 패키지 관리자입니다. 프로그램을 일일이 웹사이트에서 내려받고 설치하지 않아도, 단 한 줄의 명령어로 간편하게 설치할 수 있게 도와주는 도구입니다. Python, SQLite, Node.js, Git 등 대부분의 개발 도구를 Homebrew를 이용해 설치할 수 있습니다.

Homebrew 설치 확인하기

01. 먼저 macOS에서 터미널(terminal)을 실행합니다. Launchpad에서 '터미널'을 검색하거나, [응용 프로그램] – [유틸리티] 폴더에서 [터미널]을 찾을 수 있습니다.

그림 2.11 터미널 실행

02. 터미널에 다음 명령어를 입력한 뒤 Enter 키를 누릅니다. 버전 정보가 다음과 같이 출력되면 이미 Homebrew가 설치된 상태입니다.

```
brew --version
Homebrew 4.2.2
```

이 경우, 다음 장의 Python 설치하기 단계로 넘어가면 됩니다.

Homebrew 설치하기

만약 brew 명령어를 입력했을 때 'command not found' 또는 유사한 오류가 나타난다면, Homebrew가 설치되어 있지 않은 것입니다. 이 경우 다음과 같은 방법으로 간단하게 설치할 수 있습니다.

01. 터미널에 아래 명령어를 복사해서 붙여넣은 다음 Enter 키를 누릅니다.

```
/bin/bash -c "$(curl -fsSL https://raw.githubusercontent.com/Homebrew/install/HEAD/install.sh)"
```

02. 설치 도중 관리자 암호를 입력하라는 메시지가 나타날 수 있습니다. 암호를 입력해도 화면에 아무것도 표시되지 않지만, 정상적으로 입력되고 있는 상태이니 그대로 입력 후 Enter를 누릅니다.

관리자 암호(로그인 암호) 입력

03. 설치가 완료되면 "Installation successful!" 또는 "Homebrew has been installed" 같은 메시지가 나타납니다. 설치가 끝났다면 터미널을 종료한 뒤 다시 엽니다. 그래야 brew 명령어가 인식됩니다.

04. 아래 명령어로 Homebrew가 잘 설치되었는지 다시 한번 확인합니다. 정상적으로 버전이 출력되면 준비가 완료된 것입니다.

```
brew --version
Homebrew 4.2.2
```

Python 설치하기

이제 Homebrew를 이용해 최신 버전의 Python을 설치해보겠습니다.

01. 터미널에 아래 명령어를 입력합니다.

```
brew install python
```

02. 설치가 완료되면 아래 명령어로 Python이 제대로 설치되었는지 확인합니다. 예를 들어 다음과 같은 버전 정보가 출력되면 설치가 정상적으로 완료된 것입니다.

```
python3 --version
Python 3.12.1
```

> **참고**_ macOS에서는 기본 Python과의 충돌을 방지하기 위해 python 대신 python3 명령어를 사용합니다. 이 책의 실습에서도 python3를 기준으로 설명합니다.

이제 macOS에서도 Python 설치가 완료되었습니다. 다음 단계에서는 Claude MCP 서버를 실행하기 위한 실행 도구인 uv와 uvx를 설치해보겠습니다. 이 도구들을 이용하면 Python 프로그램을 훨씬 더 간편하게 실행할 수 있습니다.

2.2.4 macOS 환경에서 uv 및 uvx 설치하기

Python 설치가 끝났다면, 이제 Claude MCP 서버를 실행하기 위한 도구인 uv와 uvx를 설치할 차례입니다. 이 도구들은 Python 프로그램을 설치하고 실행할 때 필요한 과정들을 자동으로 처리해 주기 때문에 별도의 복잡한 환경 설정 없이 Claude MCP 서버를 빠르게 시작할 수 있습니다.

특히 Claude MCP용 SQLite 서버는 uvx를 통해 실행하면 별도 설정 없이도 안정적으로 동작하기 때문에 이 책에서는 기본 실행기로 uvx를 사용합니다.

> **TIP _ uv와 uvx란?**
>
> uv는 Python 프로그램을 설치하고 실행 환경을 자동으로 구성해 주는 도구입니다. 기존에 사용되던 pip, virtualenv, venv 등을 하나로 통합한 최신 방식으로, 사용법이 훨씬 간단하고 속도도 빠릅니다.
>
> uvx는 uv가 함께 제공하는 실행기로, 설치된 프로그램을 쉽게 실행할 수 있도록 도와줍니다. Claude MCP 실습에서는 바로 이 uvx를 통해 SQLite 서버를 실행하게 됩니다.

uv 설치하기

macOS에서는 uv를 설치하기 위한 공식 스크립트를 한 줄의 명령어로 실행할 수 있습니다.

01. 터미널을 열고, 아래 명령어를 복사해 붙여넣은 뒤 Enter 키를 누릅니다.

```
curl -LsSf https://astral.sh/uv/install.sh | sh
```

02. 설치가 진행되면 필요한 파일들이 자동으로 다운로드되고, uv와 uvx가 함께 설치됩니다. 설치에는 수십 초 정도 시간이 걸릴 수 있습니다.

03. 설치가 완료되면, 아래 명령어를 입력해 설치가 잘 되었는지 확인합니다.

```
uv --version
uv 0.1.29

uvx --version
uvx 0.1.29
```

> **참고**_ 설치 직후 터미널에서 uv 명령어가 인식되지 않는 경우, 터미널을 완전히 종료한 뒤 다시 실행하거나, 컴퓨터를 재시작하면 문제 없이 사용할 수 있습니다.

이제 Python과 uv, uvx가 모두 설치되었습니다. 이제부터는 Claude Desktop 앱을 설치하고, SQLite 데이터베이스 파일을 연동할 수 있도록 설정 파일을 수정하는 작업을 시작해보겠습니다. 이 과정이 끝나면 Claude는 단순한 대화형 AI가 아니라, 사용자의 데이터를 직접 분석하고 응답할 수 있는 '지능형 도우미'로 변신하게 됩니다.

2.2.5 Claude Desktop 앱 설치하기

Claude MCP를 이용하려면 **Claude 데스크톱 전용 앱**을 반드시 설치해야 합니다. 이 앱은 온라인상의 Claude 서비스와 사용자의 컴퓨터를 서로 연결해주는 **중간 다리** 역할을 합니다. 구체적으로 이 앱은 Claude가 데이터베이스나 다른 웹 서비스 같은 외부 프로그램과 통신할 수 있도록 복잡한 **설정을 관리**하고 **연결을 자동으로 처리**해 주는 중요한 역할을 합니다.

또한, 단순히 연결만 도와주는 것이 아니라, 앞으로 사용하게 될 다양한 **추가 기능(플러그인), 파일 관리, 단축키 설정** 등 고급 기능들을 설치하고 실행할 수 있는 기본 바탕이 됩니다.

01. 먼저 Claude Desktop 다운로드 페이지에 접속해 운영체제에 맞는 설치 파일을 다운로드합니다.

    - Claude Desktop 다운로드 페이지: https://claude.ai/download

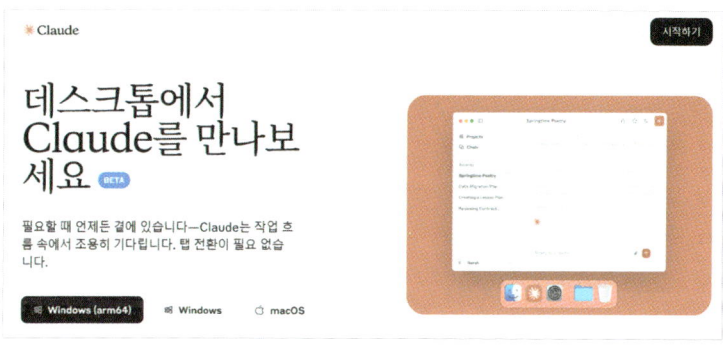

그림 2.12 Claude Desktop 다운로드 페이지

02. 다운로드한 파일을 실행해 설치를 완료합니다. 앱을 처음 실행하면 다음과 같은 화면이 나오는데, 여기서 [시작하기] 버튼을 클릭합니다.

그림 2.13 Claude Desktop 앱 시작하기

03. 기존 Claude 계정으로 로그인을 진행합니다.

그림 2.14 기존 Claude 계정으로 로그인

04. 로그인하면 다음과 같이 Claude Desktop 앱의 메인 화면을 볼 수 있습니다.

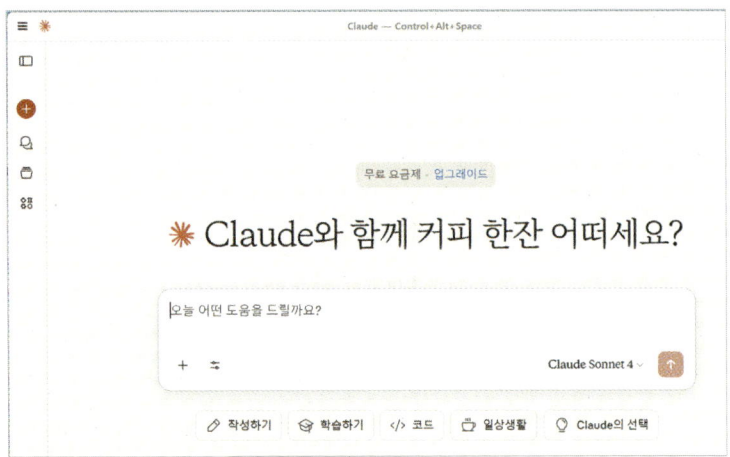

그림 2.15 Claude Desktop 앱 메인 화면

2.2.6 MCP 설정 파일에 환경 정보 추가하기

📁 **예제 파일** ch02/book_sales_info.db

Claude MCP 기능을 사용하려면, Claude가 로컬에서 어떤 MCP 서버를 실행해야 하는지를 알려주는 설정이 필요합니다. 이 설정은 claude_desktop_config.json이라는 파일에 저장되어 있으며, Claude Desktop 앱은 이 파일을 자동으로 읽어 사용합니다.

이번 절에서는 설정 파일을 여는 방법과 SQLite MCP 서버를 연동하기 위해 어떤 내용을 입력해야 하는지를 안내합니다.

> **TIP _ 설정 파일이란?**
>
> Claude Desktop 앱은 실행될 때 claude_desktop_config.json이라는 설정 파일을 함께 불러옵니다. 이 파일 안에는 MCP 서버의 종류, 실행 명령어, 데이터베이스 경로 등과 같은 정보가 JSON 형식으로 기록되어 있습니다.
>
> JSON은 '이름표(Key)'와 '값(Value)'이 한 쌍을 이루는 단순한 구조의 텍스트 파일입니다. 예를 들어 "command": "npx"에서 "command"가 이름표, "npx"가 값이 됩니다. 이처럼 구조가 간단하고 사람이 읽고 쓰기 쉬워, 프로그램의 설정 정보를 저장하는 데 널리 사용됩니다.
>
> 【 예 】
> ```
> {
>   "이름": "John Doe",
>   "학년": 4,
>   "과목": [
>     "수학",
>     "물리",
>     "역사"
>   ],
> }
> ```

이제 설정 파일을 열고, 자신의 환경에 맞게 MCP 서버 정보와 경로를 직접 지정해 보겠습니다.

설정 파일 열기

01. 먼저 Claude Desktop을 실행하고, 상단 메뉴에서 [Claude 메뉴] – [파일] – [설정]을 클릭합니다.

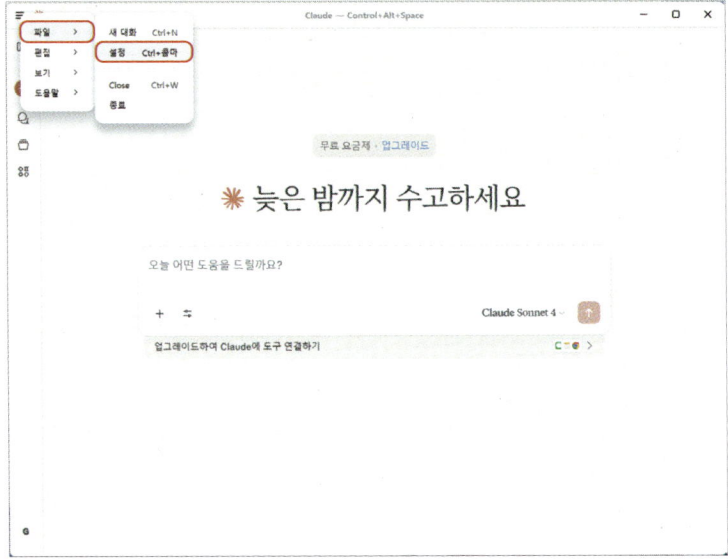

그림 2.16 Claude Desktop에서 [Claude] - [설정] 메뉴 클릭

02. 팝업창이 열리면 왼쪽 메뉴에서 [개발자] 탭을 선택합니다. 이어서 아래쪽에 있는 [구성 편집] 버튼을 클릭하면 claude_desktop_config.json 파일이 위치한 폴더가 자동으로 열립니다.

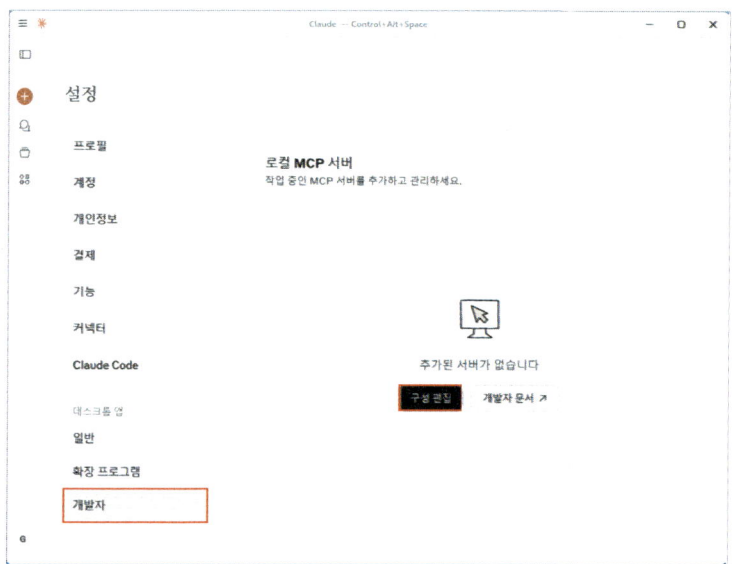

그림 2.17 [개발자] 탭에서 [구성 편집] 버튼 클릭

03. 해당 폴더에서 claude_desktop_config.json 파일을 텍스트 에디터(예: 메모장, VS Code 등)로 엽니다.

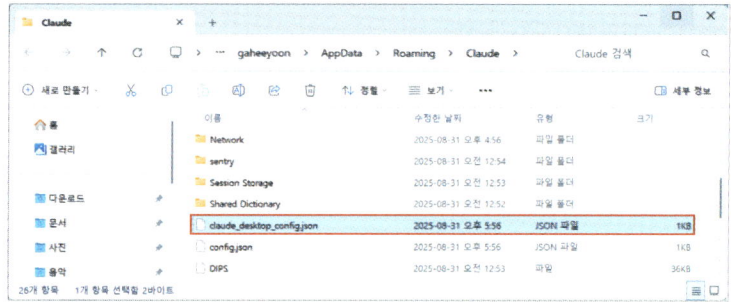

그림 2.18 텍스트 에디터로 claude_desktop_config.json 파일 열기

예제 데이터베이스 파일을 설정 경로에 복사하기

설정을 입력하기 전에, Claude가 사용할 SQLite 데이터베이스 파일이 실제로 해당 경로에 존재하는지 먼저 확인해야 합니다.

예를 들어 설정에서 "C:/sqlite/book_sales_info.db" 또는 "/Users/username/book_sales_info.db"와 같은 경로를 지정하려면, 해당 폴더에 정확히 book_sales_info.db라는 이름의 파일이 있어야 합니다.

01. 이 책에서 제공하는 예제 파일 중 book_sales_info.db를 찾아, 자신의 운영체제에 맞는 경로에 미리 복사해 넣어둡니다.

    - Windows: C:/sqlite/
    - macOS: /Users/username/

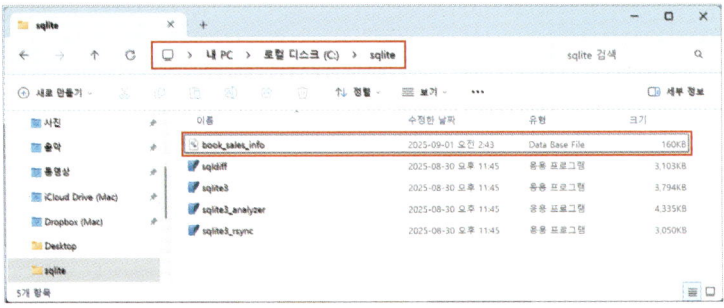

그림 2.19 book_sales_info.db 파일을 설정 경로에 복사하기

02. 해당 위치에 파일을 넣은 후, Claude 설정 파일을 수정하면 Claude MCP 서버가 정상적으로 실행됩니다.

> **참고** _ 이 파일이 없는 상태에서 Claude를 실행하면 MCP 서버 연결 오류가 발생합니다. 따라서 반드시 설정 전에 예제 파일을 복사하는 작업을 먼저 진행해야 합니다.

설정 입력하기(uvx 기준)

01. 설정 파일이 열리면, 다음 예시 중 자신의 운영체제에 맞는 항목을 참고해 설정을 입력합니다.

【 윈도우용 설정 파일 】

```
{
  "mcpServers": {
    "sqlite": {
      "command": "uvx",
      "args": [
        "mcp-server-sqlite",
        "--db-path",
        "C:/sqlite/book_sales_info.db"   ← 실제 파일 경로에 맞게 수정합니다.
      ]
    }
  }
}
```

【 macOS용 설정 파일 】

```
{
  "mcpServers": {
    "sqlite": {
      "command": "uvx",
      "args": [
        "mcp-server-sqlite",
        "--db-path",
        "/Users/username/book_sales_info.db"   ← 실제 파일 경로에 맞게 수정합니다.
      ]
```

```
      }
    }
}
```

이 책에서는 MCP 서버를 uvx로 실행하기 때문에 "command": "uvx"로 작성하며, SQLite 데이터베이스 파일 경로는 자신의 컴퓨터 환경에 맞게 수정합니다. 다른 부분은 그대로 두고 데이터베이스의 경로와 파일명만 실제 파일 경로(C:/sqlite/book_sales_info.db)에 맞게 수정하면 됩니다.

02. 설정을 입력한 뒤에는 파일을 저장하고 편집기를 종료합니다. 또한 Claude Desktop 앱도 반드시 완전히 종료해야 새로운 설정이 반영됩니다. 단순히 창을 닫는 것이 아니라, 상단 메뉴에서 [Claude 메뉴] – [파일] – [종료]를 클릭해야 합니다.

그림 2.20 설정 파일과 Claude Desktop 앱 종료

03. Claude Desktop 앱을 다시 실행하면 설정한 MCP 정보가 반영됩니다. 새 대화를 시작하고 프롬프트 입력창 아래에 있는 [검색 및 도구] 메뉴를 눌렀을 때 앞서 설정한 MCP 서버 이름(예: sqlite)이 표시되고 활성화돼 있다면 설정이 정상적으로 적용된 것입니다.

그림 2.21 Claude Desktop 앱에서 sqlite MCP 확인

TIP _ 검색 및 도구에 sqlite가 보이지 않는다면?

설정 파일에 입력한 데이터베이스 경로에 실제 .db 파일이 존재하지 않으면, Claude 를 실행할 때 MCP 서버 연결 오류가 발생할 수 있습니다.

그림 2.22 MCP 서버 연결 오류

이 경우 먼저 MCP 설정 파일에 입력한 경로에 실제로 .db 파일이 존재하는지 확인해야 합니다. 예를 들어 "C:/sqlite/book_sales_info.db" 또는 "/Users/username/

book_sales_info.db"와 같은 경로를 설정했다면, 해당 위치에 book_sales_info.db 파일이 실제로 존재해야 Claude가 MCP 서버를 정상적으로 실행할 수 있습니다. 만약 해당 경로에 파일이 없다면, 이 책에서 제공하는 예제 파일 중 book_sales_info.db를 해당 위치에 직접 복사해 넣어야 합니다.

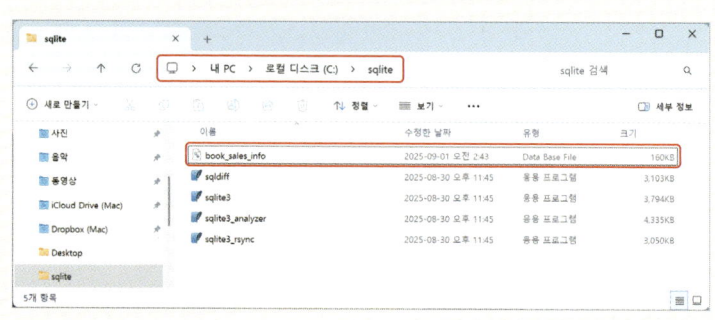

그림 2.23 book_sales_info.db 파일 확인

반대로 파일은 있는데 Claude에서 MCP 연결이 실패한다면, 설정 파일 내 경로가 잘못되었거나 철자가 틀린 것일 수 있으므로 MCP 설정을 다시 한번 점검해 보세요.

이제 모든 준비가 끝났습니다. 지금부터 Claude는 단순히 대화를 주고받는 AI가 아니라, 여러분의 데이터 분석을 함께 수행할 수 있는 유용한 도구가 되었습니다. 그 이유는 Claude가 SQLite라는 체계적인 '데이터 창고'에 직접 접근할 수 있게 되었기 때문입니다. Claude는 이 데이터 창고에 직접 질문(Query)을 보내 원하는 정보를 얻고, 그 결과를 이해하고 분석할 수 있습니다. 특히 반복적이거나 수치 기반의 복잡한 분석 작업에서 강력한 능력을 발휘합니다.

이번 실습의 목표는 Claude가 단순한 언어 모델을 넘어 외부 데이터를 직접 읽고 해석하며 숫자 기반의 분석까지 수행하는 '지능형 분석 도구'로 어떻게 진화하는지 직접 경험하는 것입니다. 다음과 같은 현실적인 주제로 함께 분석을 진행해 보겠습니다.

- 은행 거래 내역 분석
- 손익 계산서 분석
- 아파트 인덱스 지수 분석

이 과정을 통해 Claude의 놀라운 잠재력을 확인하게 될 것입니다. 그럼, 첫 번째 데이터베이스를 함께 구축하며 Claude의 새로운 능력을 단계별로 살펴보겠습니다.

2.3 은행 거래 내역 분석

Claude MCP와 SQLite를 활용한 데이터 분석의 첫 번째 실습 예제로, 은행 계좌의 입출금 내역을 불러와 자동으로 분석하는 과정을 다룹니다. 은행 웹사이트에서는 일반적으로 거래 내역을 엑셀이나 CSV 형태로 내려받을 수 있으며, 이를 적절히 정리해 데이터베이스에 입력하면 Claude가 손쉽게 요약할 수 있습니다.

먼저 단순한 엑셀 데이터를 Claude가 이해할 수 있는 데이터베이스 형식으로 바꾸는 전처리 과정을 알아보겠습니다. 그다음, 이 데이터를 활용해 원하는 항목의 합계를 구하거나 특정 기간의 거래 내역을 분석하는 등 실질적인 활용 방법을 배워보겠습니다.

2.3.1 데이터 준비하기

예제 파일 ch02/bank_statements.xlsx

은행에서 다운로드한 거래 내역을 분석에 실제로 사용하기 위해서는 **불필요한 열을 제거하고 숫자 포맷을 정리하는 등 간단한 전처리 작업**이 필요합니다.

불필요한 타이틀 행 제거하기

대부분의 거래 내역 파일은 상단에 은행명, 계좌번호, 생성일 등 분석과 무관한 정보가 포함돼 있습니다. Claude나 SQLite가 정확히 인식하지 못할 수 있으므로 **실제 데이터가 시작되는 첫 행만 남기고 그 위에 있는 데이터는 모두 삭제**합니다.

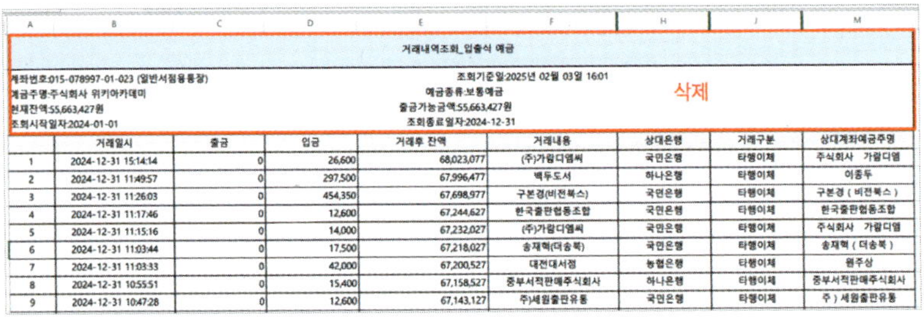

	거래일시	출금	입금	거래후 잔액	거래내용	상대은행	거래구분	상대계좌예금주명
1	2024-12-31 15:14:14	0	26,600	68,023,077	(주)가람디엠씨	국민은행	타행이체	주식회사 가람디엠
2	2024-12-31 11:49:57	0	297,500	67,996,477	백두도서	하나은행	타행이체	이종두
3	2024-12-31 11:26:03	0	454,350	67,698,977	구본경(비전북스)	국민은행	타행이체	구본경 (비전북스)
4	2024-12-31 11:17:46	0	12,600	67,244,627	한국출판협동조합	국민은행	타행이체	한국출판협동조합
5	2024-12-31 11:15:16	0	14,000	67,232,027	(주)가람디엠씨	국민은행	타행이체	주식회사 가람디엠
6	2024-12-31 11:03:44	0	17,500	67,218,027	송재혁(더송북)	국민은행	타행이체	송재혁 (더송북)
7	2024-12-31 11:03:33	0	42,000	67,200,527	대전대서점	농협은행	타행이체	원주상
8	2024-12-31 10:55:51	0	15,400	67,158,527	중부서적판매주식회사	하나은행	타행이체	중부서적판매주식회사
9	2024-12-31 10:47:28	0	12,600	67,143,127	주)세원출판유통	국민은행	타행이체	주) 세원출판유통

그림 2.24 거래 내역에서 불필요한 타이틀 행 제거하기

필요한 칼럼만 남기기

타이틀 부분을 삭제한 다음에는 분석에 필요한 칼럼만 남기고 엑셀 파일을 정리합니다. 전체 칼럼을 그대로 데이터베이스에 입력해도 사용하는

데 큰 문제가 없지만, Claude가 **데이터를 더 명확하게 이해하고 빠르게 처리할 수 있도록 불필요한 칼럼은 미리 제거**하는 것이 좋습니다. 이번 실습에서는 설명의 편의성을 위해 '거래일시', '거래내용', '출금', '입금' 네 개의 칼럼만을 남기겠습니다.

	A	B	C	D
1	거래일시	출금	입금	거래내용
2	2024-01-02 10:11:05	0	35,000	디엠도서유통주식회사
3	2024-01-02 10:33:53	0	44,100	강산북스
4	2024-01-02 10:51:20	0	18,900	(주)글로리아북
5	2024-01-02 11:08:27	0	18,900	햇빛문고
6	2024-01-02 11:19:31	0	12,600	주식회사북채널
7	2024-01-02 11:47:09	0	19,600	(주)가람디엠씨
8	2024-01-02 14:37:52	0	33,600	한국출판협동조합
9	2024-01-03 09:01:36	0	122,500	강원대학교생활협동조
10	2024-01-03 10:01:54	0	18,900	(주)인성재단

그림 2.25 거래 내역에서 필요한 칼럼만 남기기

숫자 형태로 칼럼 정리하기

금액이 기록된 '출금'과 '입금' 칼럼에는 숫자에 쉼표(,)가 포함된 형태로 표시되는 경우가 많습니다. 예를 들어 '35,000'처럼 표시된 데이터는 엑셀에서는 보기 편하지만, SQLite에 그대로 입력할 경우 텍스트로 인식돼 합계 계산이 정확히 이뤄지지 않을 수 있습니다. 이러한 문제를 방지하려면 **숫자에 포함된 쉼표를 모두 제거한 뒤, 정수 형태로 변환된 값을 데이터베이스에 입력**해야 합니다. 예를 들어 '35,000'은 '35000'으로, '-10,000' 은 '-10000'으로 바꿔야 합니다.

[셀 서식] 메뉴 선택 후 '1000 단위 구분 기호(,) 사용' 부분을 체크해제 해서 숫자 데이터에서 구분 기호(,)를 제거할 수 있습니다.

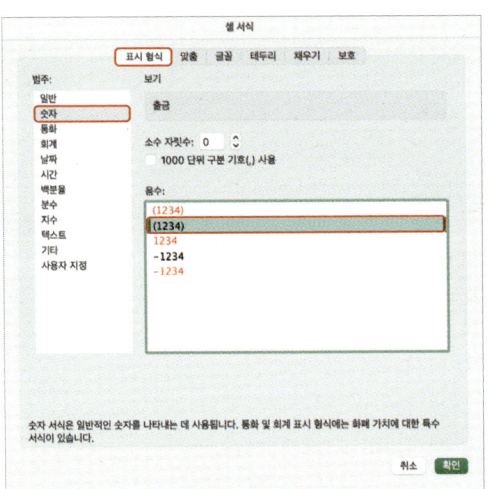

그림 2.26 거래 내역에서 숫자 형태로 칼럼 정리하기

	A	B	C	D
1	거래일시	출금	입금	거래내용
2	2024-01-02 10:11:05	0	35000	디엠도서유통주식회사
3	2024-01-02 10:33:53	0	44100	강산북스
4	2024-01-02 10:51:20	0	18900	(주)글로리아북
5	2024-01-02 11:08:27	0	18900	햇빛문고
6	2024-01-02 11:19:31	0	12600	주식회사북채널
7	2024-01-02 11:47:09	0	19600	(주)가람디엠씨
8	2024-01-02 14:37:52	0	33600	한국출판협동조합
9	2024-01-03 09:01:36	0	122600	강원대학교생활협동조
10	2024-01-03 10:01:54	0	18900	(주)인성재단

그림 2.27 불필요한 행과 칼럼을 제거한 예제 데이터

2.3.2 데이터 입력하기

📁 **예제 파일** ch02/bank_statements.csv

전처리 작업을 마친 은행 거래내역 데이터를 SQLite 데이터베이스에 입력하는 방법은 두 가지가 있습니다. 첫 번째는 Claude Desktop을 통해 엑셀 파일을 직접 업로드해서 입력하는 방식이고, 두 번째는 엑셀 파일을 CSV 파일로 저장한 뒤 DB Browser for SQLite를 사용해 직접 입력하는 방식입니다.

이 절에서는 두 방법을 모두 소개하고, 데이터가 정상적으로 입력됐는지 검증하는 방법까지 함께 살펴보겠습니다.

Claude Desktop으로 직접 업로드하기

엑셀 파일을 Claude Desktop에 업로드한 뒤, 자연어 프롬프트를 통해 Claude에 데이터베이스 생성을 요청하는 방식은 매우 간단하고 빠르게 작업을 진행할 수 있다는 장점이 있습니다.

다음은 업로드한 엑셀 파일을 데이터베이스에 추가하도록 요청하는 프롬프트입니다.

```
업로드한 bank_statements.xlsx 파일을 다음과 같은 조건에 따라
데이터베이스에 추가해주세요.
 * 테이블 이름은 bank_statements입니다. → (1)
 * 첫 번째 행에 있는 이름으로 칼럼 이름을 생성해주세요. → (2)
 * '거래일시', '거래내용' 칼럼은 TEXT 타입으로 생성해주세요. → (3)
 * '출금', '입금' 칼럼은 INTEGER 타입으로 생성해주세요. → (4)
```

(1) 데이터베이스에 저장될 테이블 이름을 bank_statements로 지정합니다. Claude는 이 이름을 기준으로 테이블을 생성하고 이후 질의에 활용합니다.

(2) 엑셀의 첫 번째 행에 포함된 제목 셀을 읽어 자동으로 칼럼 이름으로 사용하도록 지정합니다. 별도로 칼럼 이름을 하나하나 작성할 필요 없이 첫 행만 잘 정리돼 있으면 자동 처리됩니다.

(3) '거래일시'와 '거래내용'은 날짜 및 텍스트 정보를 담고 있기 때문에 데이터 타입을 TEXT로 지정합니다. SQLite는 별도의 날짜형 데이터 타입을 제공하지 않기 때문에 날짜는 문자열로 저장하는 것이 일반적인 방식입니다.

(4) '출금'과 '입금'은 금액 정보를 나타내므로 숫자형 타입인 INTEGER로 지정합니다. 쉼표(,)를 제거한 숫자 형태로 저장돼 있어야 계산이 가능합니다.

주의사항 _ 엑셀 파일을 직접 업로드하는 방식은 Claude 입장에서 테이블 구조를 유추하고 데이터를 해석하는 과정을 포함하므로, 파일 크기가 크거나 구조가 복잡할 경우 시간이 오래 걸리거나 오류가 발생할 수 있습니다. 따라서 간단한 테스트나 소규모 분석에는 적합하지만, 데이터 양이 많거나 구조가 다양한 경우에는 CSV 파일로 변환한 후 수동으로 입력하는 방식을 권장합니다.

TIP _ **엑셀 파일을 업로드했는데 지원하지 않는 형식이라고 나온다면**

Claude는 다양한 문서 형식을 지원하지만, 엑셀(.XLSX) 파일을 업로드하려면 별도의 설정이 필요합니다. 단순히 파일 형식이 맞지 않아서가 아니라, 분석 도구 기능이 비활성화되어 있기 때문일 수 있습니다.

【 Claude에서 지원하는 파일 형식 】

Claude.ai에서는 다음과 같은 파일 형식을 업로드해 분석할 수 있습니다.

- PDF

- DOCX (Word 문서)
- TXT, CSV (텍스트 기반 문서)
- HTML, RTF, ODT, EPUB
- JSON
- XLSX (엑셀 파일) 단, 분석 도구 기능이 활성화된 경우에만 지원됩니다.

【 분석 도구 기능 활성화 방법 】

Claude에서 엑셀 파일을 업로드하려면 먼저 분석 도구(Analysis Tools) 기능을 켜야 합니다.

01. Claude.ai 좌측 하단의 본인 이름(또는 프로필 사진)을 클릭하고, [설정]을 클릭해 설정 페이지로 이동합니다.

그림 2.28 DB Browser for SQLite 환경설정 열기

02. 왼쪽 메뉴에서 [기능] 메뉴를 선택하고, 목록 중 '분석 도구' 항목의 토글 스위치를 켭니다.

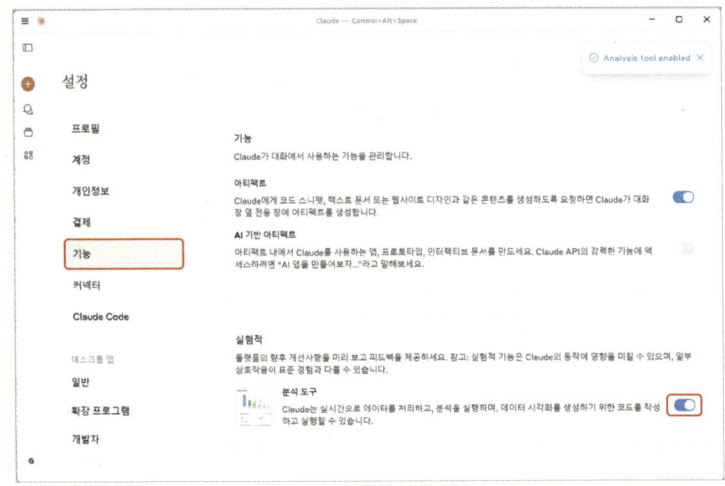

그림 2.29 분석 도구 활성화하기

이후에는 .XLSX 파일도 문제없이 업로드할 수 있고, Claude가 표 데이터를 인식하여 직접 분석하거나 시각화할 수 있습니다.

CSV 파일로 변환 후 DB Browser를 통해 입력하기

보다 안정적인 방법은 엑셀 파일을 CSV 형식으로 저장한 뒤, DB Browser for SQLite를 통해 직접 데이터베이스에 입력하는 방식입니다. 이 방법은 처리 속도나 오류 가능성 면에서 Claude에 직접 요청하는 방식보다 안정적입니다.

01. 먼저 엑셀에서 [파일] – [다른 이름으로 저장] 메뉴를 선택한 후, 저장 형식을 CSV로 지정해 파일을 저장합니다.

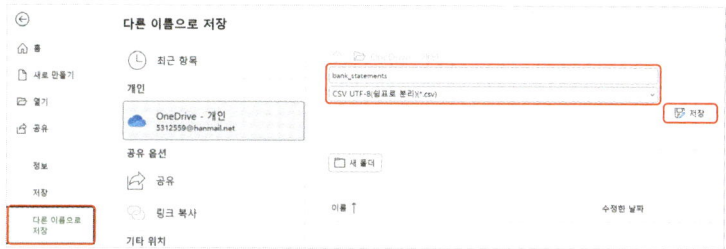

그림 2.30 엑셀 파일의 저장 형식을 CSV로 지정해 파일 저장

TIP _ 언어 설정 변경하기

이 책에서는 DB Browser for SQLite의 메뉴를 한국어 기준으로 설명합니다. 언어가 영어로 설정돼 있다면 다음 방법에 따라 한국어로 변경할 수 있습니다.

01. 상단 메뉴에서 [Edit] – [Preferences]를 선택합니다[1].

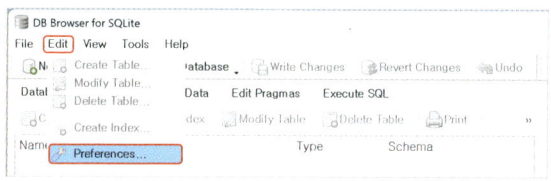

그림 2.31 DB Browser for SQLite 환경설정 열기

02. 팝업 창에서 [General] 탭으로 이동한 뒤, Language 항목에서 'Korean'을 선택합니다.

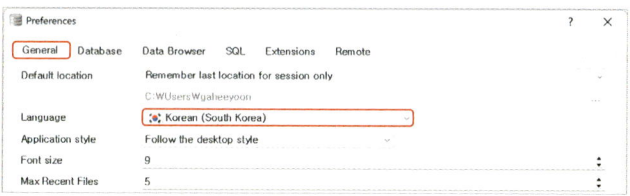

그림 2.32 언어를 한국어로 설정

03. 변경 후 프로그램을 재시작하면 메뉴가 한국어로 표시됩니다.

---

[1] macOS의 경우 [DB Browser for SQLite] – [Preferences]를 선택합니다.

02. DB Browser for SQLite를 실행하고, 상단 메뉴에서 [파일] – [가져오기] – [CSV 파일에서 테이블 가져오기] 메뉴를 선택합니다.

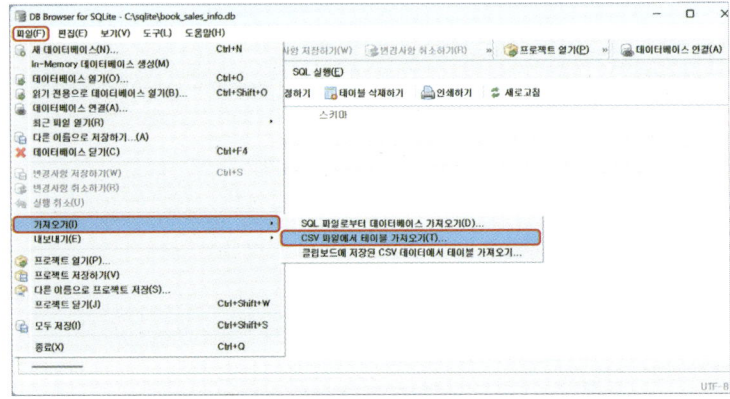

그림 2.33 [CSV 파일에서 테이블 가져오기] 메뉴

03. 가져올 CSV 파일을 선택합니다.

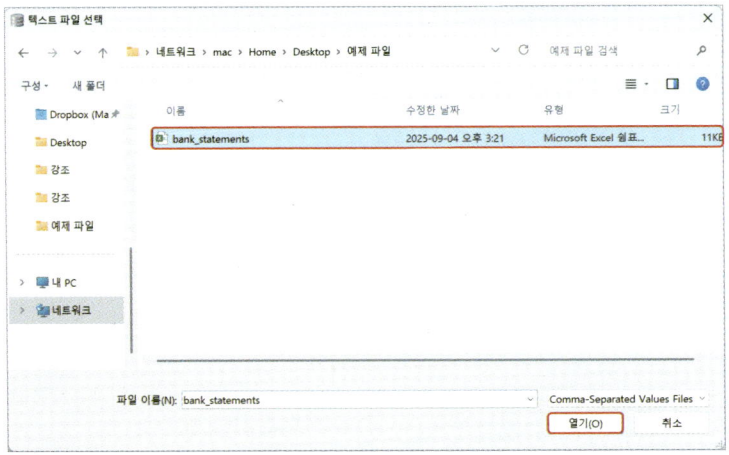

그림 2.34 가져올 CSV 파일 선택하기

04. 파일을 선택하면 다음과 같이 CSV 파일 가져오기 창이 나옵니다. CSV 파일명이 테이블 이름으로 설정되는데, 테이블 이름은 그대로 두고 [첫 행에 필드명 포함] 체크 박스에 체크한 다음 [확인] 버튼을 클릭하면 작업이 완료됩니다.

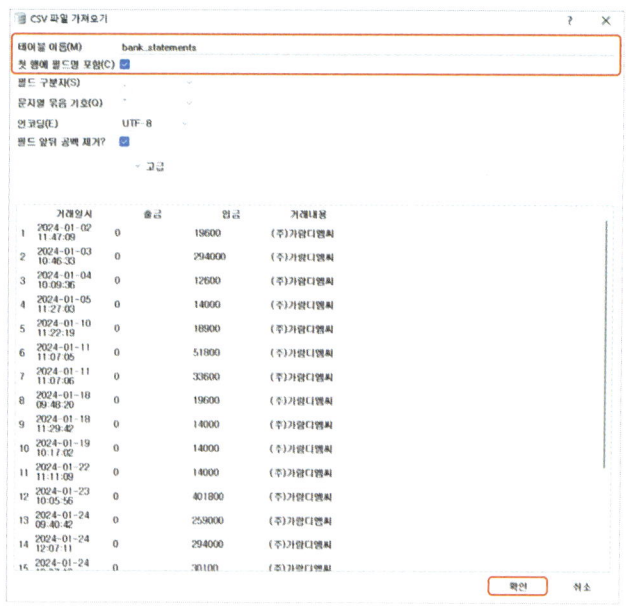

그림 2.35 CSV 파일에서 테이블 가져오기

05. 가져오기가 완료되면 [데이터베이스 구조] 메뉴 클릭 후에 테이블이 생성된 것을 확인할 수 있고, [데이터 탐색] 메뉴에서 테이블에 데이터가 정상적으로 입력됐는지 확인할 수 있습니다.

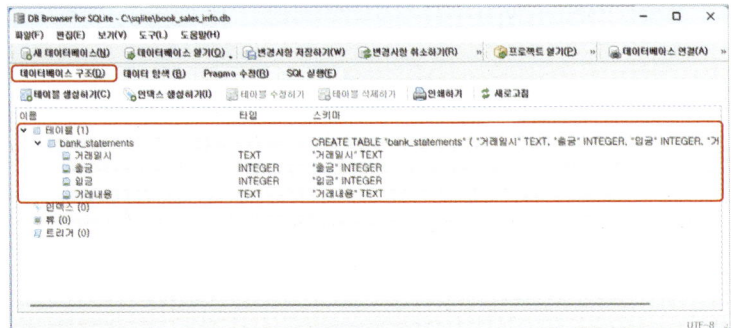

그림 2.36 CSV에서 가져온 데이터베이스 구조 확인하기

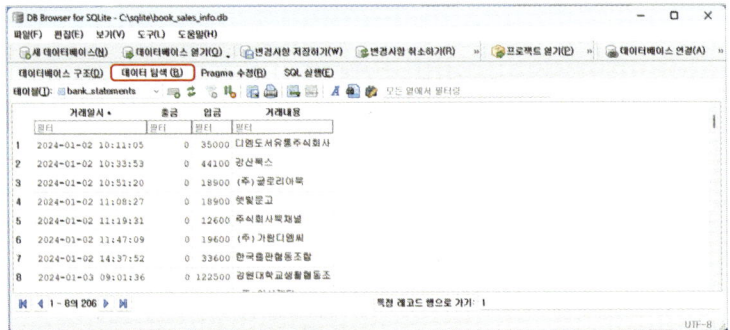

그림 2.37 CSV에서 가져온 데이터 조회하기

TIP _ 새 데이터베이스 만들기

이번 실습에서는 편의를 위해 기존 book_sales_info 데이터베이스에 bank_statements 테이블을 추가했지만, 새로운 데이터베이스를 직접 만드는 것도 매우 간단합니다.

01. DB Browser for SQLite의 상단 메뉴에서 [새 데이터베이스(N)]를 클릭합니다.

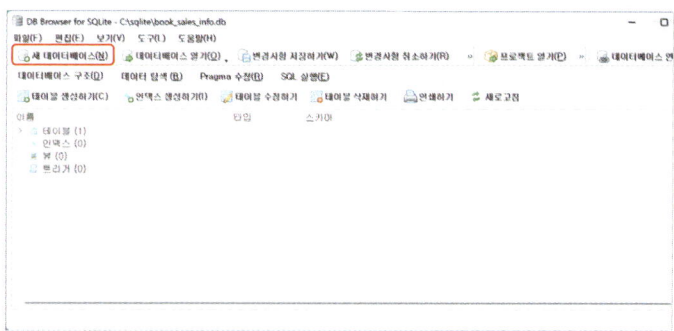

그림 2.38 새 데이터베이스 생성하기

02. 생성할 데이터베이스의 이름과 저장할 경로를 지정하고 [저장(S)] 버튼을 클릭하면 새로운 데이터베이스 파일이 만들어집니다.

그림 2.39 새 데이터베이스의 이름과 경로 지정

데이터 입력 검증하기

테이블이 생성되고 데이터가 입력된 것을 확인했더라도, 실제로 모든 값이 정확하게 저장됐는지는 반드시 확인해야 합니다. 특히 숫자 데이터는 입력 과정에서 형식이 잘못됐거나 일부 값이 누락됐을 가능성도 있습니다. 따라서 데이터베이스에 저장된 금액 합계가 원본 엑셀 파일의 합계와 일치하는지 비교하는 것이 중요합니다.

Claude Desktop에서 다음과 같은 프롬프트를 입력합니다.

> bank_statements 테이블의 '입금', '출금' 칼럼 합계 금액을 구해주세요.

이 프롬프트를 실행하면 Claude가 데이터베이스에 직접 질의해 입금과 출금 항목의 총합을 계산해 줍니다. 예를 들어 다음과 같은 결과를 얻을 수 있습니다.

- 은행 거래 내역 요약
  - 총 입금액: 27,929,900원
  - 총 출금액: 8,048,186원
  - 순 잔액: 19,881,714원

이 값이 엑셀 파일에서 직접 계산한 금액과 정확히 일치한다면 데이터가 손실 없이 올바르게 입력됐음을 의미합니다. 이 과정을 통해 입력 데이터의 신뢰성을 확보할 수 있습니다.

TIP _ 변경 사항 저장하기

DB Browser for SQLite에서는 테이블을 생성하거나 데이터를 수정한 뒤, 반드시 [변경사항 저장하기(W)] 버튼을 클릭해야 실제로 파일에 반영됩니다.

이 단계를 생략하면 Claude가 테이블을 인식하지 못하거나 데이터가 조회되지 않는 문제가 발생할 수 있습니다. 테이블 생성 후 데이터가 보이지 않는다면 가장 먼저 [변경사항 저장하기(W)] 버튼이 눌렸는지 확인한 뒤, 다시 조회해보세요.

그림 2.40 변경 사항 저장하기

2.3.3 데이터 조회하기

데이터베이스에 거래 내역이 정상적으로 입력됐다면, 이제 Claude MCP를 활용해 SQL 문법 없이 자연어만으로 원하는 데이터를 손쉽게 조회할 수 있습니다.

이번 절에서는 간단한 합계 조회부터 시작해, 특정 조건을 포함한 질의, 그리고 SQL 생성 요청 및 CSV 저장까지 단계별로 알아보겠습니다.

자연어로 특정 조건의 합계 조회하기

앞서 데이터가 정상적으로 입력됐는지 확인하기 위해 '입금'과 '출금' 합계 금액을 Claude에 요청했던 것처럼, 필요한 정보를 프롬프트에 명확히 표현하면 Claude가 자동으로 적절한 SQL을 생성해 조회 결과를 보여줍니다.

예를 들어 2024년 1월 초에 '강산북스'로부터 입금된 금액의 합계를 알고 싶다면 다음과 같은 프롬프트를 입력합니다.

- bank_statements 테이블의 '거래내역' 칼럼값이 '강산북스'인 레코드의 '입금' 합계액을 구해주세요.
- '거래일시'가 '2024년 1월 2일'부터 '2024년 1월 10일'까지인 레코드를 대상으로 합계액을 구해야 합니다.

Claude는 이 요청을 받아 적절한 SQL로 변환한 뒤, 다음과 같은 결과를 반환합니다[2].

> '강산북스' 거래내역의 입금 합계액: 109,900원
>
> 세부 내역:
>
> - 2024-01-02 10:33:53: 44,100원
> - 2024-01-03 10:33:49: 22,400원
> - 2024-01-08 10:28:21: 43,400원
>
> 2024년 1월 2일부터 1월 10일까지의 기간 동안 '강산북스'로부터의 입금은 총 3건이 있었으며, 합계액은 **109,900원**입니다.

---

[2] https://bit.ly/3VfSWS2에서 결과를 확인할 수 있습니다.

이 프롬프트에서 '거래내역'이라는 칼럼명을 잘못 입력했음에도 Claude는 이를 '거래내용'으로 자동 인식해 정확한 결과를 보여줍니다. 이처럼 약간의 실수나 표현 오류가 있더라도 Claude가 이를 유연하게 해석해주는 유연함 덕분에 사용자가 다소 모호하게 표현하더라도 정확한 데이터를 조회할 수 있습니다.

> **주의사항** _ Claude가 오타나 유사 표현을 유추해 결과를 보여주는 경우도 있지만, 테이블 구조가 복잡하거나 유사한 칼럼명이 여럿 있을 경우에는 잘못된 결과가 나올 수 있습니다. 가능하면 정확한 칼럼명을 사용하는 것이 좋습니다.

CSV 파일로 결과 내보내기

대부분의 자료는 자연어 프롬프트를 사용해 조회할 수 있지만, 조회된 데이터를 엑셀로 정리해 다른 사람에게 전달해야 하는 경우도 자주 발생합니다. 이럴 때는 Claude에 CSV 파일 형태로 결과를 출력해달라고 요청할 수 있습니다.

예를 들어, 거래처별 입금 및 출금 내역의 합계를 정리해 외부 회계팀에 전달해야 한다고 가정해보겠습니다. 다음과 같이 프롬프트를 입력합니다.

'거래내용' 별 '입금'과 '출금' 합계 내역을 CSV 파일 형태로 조회해주세요.

Claude는 결과를 CSV 형식으로 구성해 출력해주며, Claude Desktop에서 오른쪽 상단의 [복사] 버튼을 통해 내용을 클립보드에 복사할 수 있습니다. 복사된 데이터를 엑셀에 붙여넣으면 표 형태로 바로 사용할 수 있습니다.

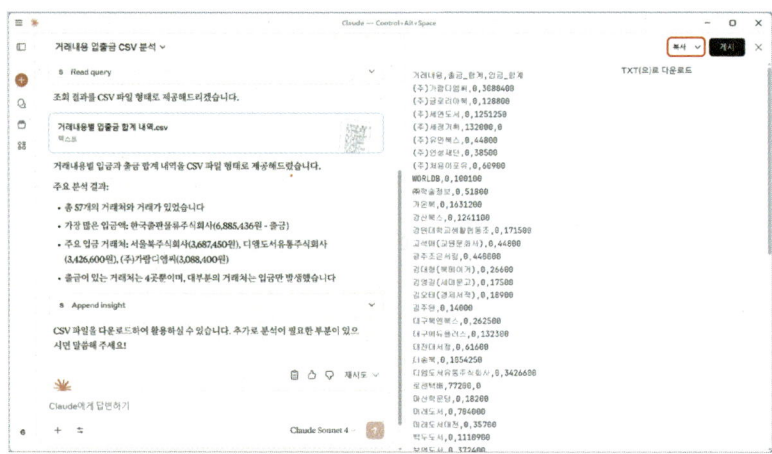

그림 2.41 CSV 형식으로 출력된 결과 복사하기

> **TIP _ Claude가 출력하는 표에 데이터가 많을 때에는**
>
> Claude가 출력하는 표는 간단한 경우에는 문제없이 사용할 수 있지만, 데이터가 많은 경우에는 정렬이 흐트러지거나 셀 병합이 생기는 등 가독성이 떨어질 수 있습니다. 이럴 때는 Claude Desktop에서 조회를 위한 SQL만 요청하고 실제 SQL은 DB Browser for SQLite에서 실행한 후 출력된 데이터를 복사해서 사용하는 것이 더 안정적입니다.

SQL 생성 요청 및 수동 실행하기

CSV 출력 외에 더 정밀한 결과가 필요하거나 SQL 쿼리를 직접 확인하고 싶을 때는 Claude에 쿼리 생성을 요청할 수 있습니다. 이 방법은 결과 형식을 세밀하게 제어하거나 생성된 쿼리를 다른 시스템에서 재사용할 때 특히 유용합니다.

앞서 예로 든 상황처럼 '거래내용'별 입금과 출금 합계를 정리해 외부 회계 프로그램이나 엑셀로 넘겨야 하는 경우를 가정해보겠습니다. 다음과 같은 프롬프트를 입력합니다.

'거래내용' 별 '입금'과 '출금' 합계 내역을 구하기 위한 SQL을 생성해주세요.

Claude는 다음과 같은 SQL과 함께 설명을 제공합니다.

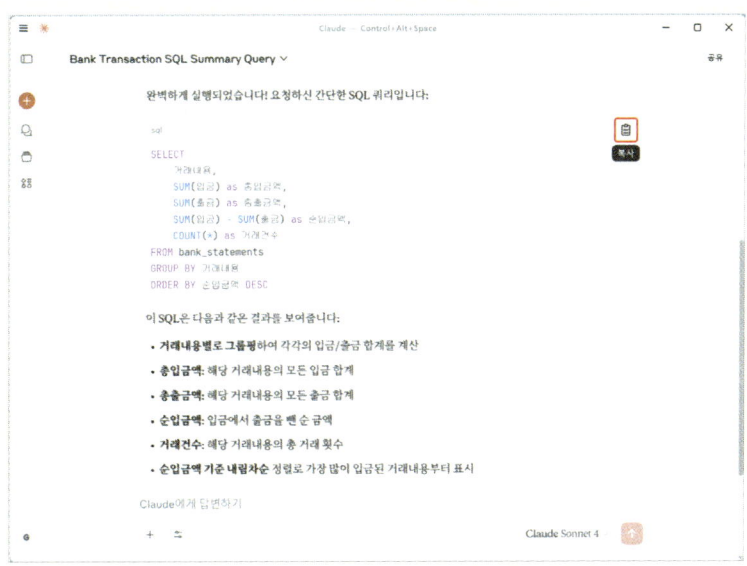

이 SQL은 거래내용을 기준으로 데이터를 그룹핑한 후, 각 항목별로 입금과 출금의 총합을 계산하는 쿼리입니다. 이제 이 쿼리를 DB Browser for SQLite를 통해 직접 실행해보겠습니다.

01. DB Browser for SQLite를 실행하고, 상단의 [SQL 실행] 탭을 클릭합니다. Claude가 제공한 SQL을 붙여넣고, [실행] 버튼을 클릭합니다.

그림 2.42 DB Browser for SQLite에서 SQL 실행

02. 결과 테이블 왼쪽 상단의 [전체 선택] 버튼을 누른 다음 아무 셀에서 마우스 오른쪽 버튼을 클릭한 후 [헤더 포함 복사하기]를 선택합니다.

그림 2.43 결과 테이블 복사

03. 복사한 내용을 엑셀에 붙여넣으면 표 형태의 정리된 자료가 완성됩니다.

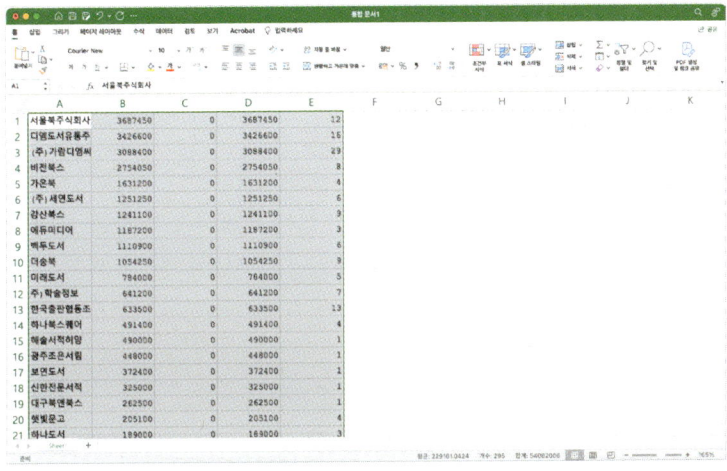

그림 2.44 복사한 내용 엑셀에 붙여넣기

지금까지 살펴본 것처럼, Claude MCP를 활용하면 반복적인 데이터 정리와 조회를 자동화할 수 있습니다. 이는 Claude를 단순한 대화 도구가 아닌, 일상적인 데이터 분석 파트너로 활용하는 좋은 예입니다.

2.4 손익 계산서 분석

손익계산서는 일정 기간 동안 기업이 얼마나 효과적으로 수익을 창출하고 비용을 관리했는지를 보여주는 핵심적인 경영지표입니다. 매출에서 각종 비용을 차감해 최종적인 당기순이익을 계산하는 과정을 통해 기업의 수익성과 경영 효율성을 종합적으로 파악할 수 있습니다.

또한 손익계산서는 시계열 분석에 적합한 데이터 구조를 가지고 있습니다. 이를 활용해 여러 연도에 걸쳐 매출 증가율이나 비용 구조 변화, 순이익률 추이 등을 비교하면 기업의 성장성과 전략 방향까지 읽어낼 수 있습니다.

이번 절에서는 손익계산서 데이터를 Claude를 통해 SQLite에 입력하고, 이를 기반으로 다양한 방식의 재무 분석을 수행하는 방법을 살펴보겠습니다.

2.4.1 데이터 입력하기

> **예제 파일** ch02/손익계산서_sample.pdf

손익계산서는 일반적으로 PDF 문서 형태로 제공되며, 텍스트와 표가 혼합된 구조로 돼 있는 경우가 많습니다. 이러한 문서를 데이터베이스에 직접 입력하는 일은 복잡하고 시간이 많이 걸리지만, Claude를 활용하면 자연어 프롬프트 하나로 손쉽게 구조화된 테이블을 만들 수 있습니다.

이번 실습에서는 예제로 제공되는 손익계산서_sample.pdf 파일을 Claude에 업로드하고 자연어 프롬프트를 이용해 데이터베이스에 자동으로 테이블을 생성하는 과정을 살펴보겠습니다.

47. 손익계산서

은행계정(Banking Account)

제47기 : 2003년 1월 1일부터 2003년 12월 31일까지
제46기 : 2002년 1월 1일부터 2002년 12월 31일까지
제45기 : 2001년 1월 1일부터 2001년 12월 31일까지

(단위 : 원(Unit : Won))

과 목 (Description)	제 47 기(2003) 금 액(Amount)	제 46 기(2002) 금 액(Amount)	제 45 기(2001) 금 액(Amount)
I. 영업수익 (Operating Revenues)	1,213,396,936,043	1,160,791,143,740	1,144,123,608,011
(1) 이자수익 (Interest Income)	1,011,345,849,429	984,297,930,527	974,621,544,505
1. 예치금이자 (Interest on Due from Banks)	20,849,615,016	39,463,873,730	115,052,825,335
2. 단기매매증권이자 (Interest on Traded Securities)	18,738,288,935	12,189,404,509	7,171,518,675

그림 2.45 실습에 사용할 손익계산서 예시

PDF 업로드 및 프롬프트 입력

먼저 Claude Desktop을 실행합니다. 손익계산서_sample.pdf 파일을 Claude에 업로드하고, 다음과 같은 프롬프트를 입력합니다.

> 업로드한 PDF에 있는 손익계산서를 book_sales_info 데이터베이스에 입력해주세요.
> - income_statement 테이블을 만들어서 입력해주세요. → (1)
> - 문서 내에 있는 모든 내용, 즉, 영업수익, 이자수익, 예치금이자까지 모든 사항을 칼럼으로 만들어서 데이터를 추가해주세요. → (2)
> - 칼럼명은 한글로 해주세요. → (3)

(1) 데이터베이스에 생성될 테이블 이름을 지정했습니다. 앞선 예제에서는 파일명을 통해서 테이블 이름을 지정했지만, 이번에는 프롬프트에 직접 테이블 이름을 지정했습니다.

(2) 어느 요소를 칼럼으로 만들지를 지정했습니다. 이렇게 세부적인 칼럼 사항을 지정하지 않으면 중간중간 누락되는 경우가 발생합니다.

(3) 칼럼 이름은 영문, 한글 모두 가능합니다. 이번 절에서는 설명의 편의성을 위해서 칼럼 이름을 한글로 지정했습니다.

Claude는 PDF 파일을 분석해 각 항목을 분류하고, 자동으로 테이블을 생성합니다. 작업이 완료되면 다음과 같은 요약 정보를 확인할 수 있습니다[3].

> 요약:
> - **테이블명**: income_statement
> - **컬럼 수**: 총 81개 (기간 포함)
> - **데이터**: 3개년도 (2001년~2003년)
> - **포함된 모든 항목**:
>   - 영업수익 항목들 (이자수익, 수수료수익, 기타영업수익의 모든 세부항목)
>   - 영업비용 항목들 (이자비용, 수수료비용, 기타영업비용, 판매비와일반관리비의 모든 세부항목)
>   - 영업외 항목들 (영업외수익, 영업외비용의 모든 세부항목)
>   - 최종 손익 항목들 (영업이익, 경상이익, 당기순이익 등)

DB Browser에서 결과 확인하기

데이터 입력이 완료되면, DB Browser for SQLite를 실행해 실제로 데이터가 올바르게 입력됐는지 확인합니다. 화면 상단의 [데이터 탐색] 탭을 클릭한 뒤, 테이블 영역에서 income_statement 테이블을 선택하면 모든 항목이 칼럼과 행으로 구성돼 입력된 것을 확인할 수 있습니다.

---

[3] https://bit.ly/3KnCtZC에서 결과를 확인할 수 있습니다.

그림 2.46 DB Browser에서 결과 확인하기

테이블 구조 수정하기

테이블 구성이 마음에 들지 않는다면 간단한 프롬프트를 이용해서 수정할 수도 있습니다. 앞의 예제에서 Claude는 PDF에 있는 내용을 그대로 반영해 '기간'이라는 칼럼에 '제47기(2003년)'와 같은 값을 저장합니다. 하지만 분석이나 시각화를 위해서는 연도와 회기를 별도의 항목으로 분리하는 것이 유리합니다.

이 경우 다음과 같은 프롬프트를 추가로 입력해 테이블을 다시 생성할 수 있습니다.

- [현재] 저장된 '기간' 필드 데이터를 [수정]과 같이 '연도' 와 '회기'로 같이 재구성해서 테이블을 다시 생성해주세요. → **(1)**
- '연도' 와 '회기' 칼럼의 속성은 'TEXT' 로 지정해주세요. → **(2)**

  [현재]
  '기간' - 제47기(2003년)

[수정]
'연도' - '2003'
'회기' - '47'

(1) 현재 저장된 칼럼 형태와 바뀔 칼럼 형태를 직접 지정해서 테이블 구조 변경을 요청했습니다.
(2) 새로 생성될 칼럼의 속성을 지정했습니다.

작업은 1~2분 정도 걸리며, 이후 Claude는 다음과 같이 수정된 테이블을 생성합니다.

수정 결과:

이전 구조:
- 기간 (TEXT): "제47기(2003년)" 형태로 저장

새로운 구조:
- 연도 (TEXT): "2003", "2002", "2001"
- 회기 (TEXT): "47", "46", "45"

데이터 확인:

연도	회기	영업수익(억원)	영업이익(억원)	당기순이익(억원)
2003	47	12,134	1,423	1,108
2002	46	11,608	1,380	1,312
2001	45	11,441	1,554	307

수정이 완료되면, 다시 DB Browser에서 [데이터 탐색]을 통해 테이블이 원하는 구조로 재구성됐는지 확인합니다.

그림 2.47 DB Browser에서 수정된 결과 확인하기

이처럼 Claude MCP를 활용하면 PDF로 제공되는 복잡한 손익계산서 문서를 자동으로 데이터베이스에 입력할 수 있으며, 필요에 따라 테이블 구조 역시 자연어로 간단히 수정할 수 있습니다. SQL을 직접 작성하거나 복잡한 데이터 처리 지식이 없어도, Claude를 통해 누구나 손쉽게 분석 가능한 데이터 환경을 구축할 수 있습니다.

다음 절에서는 이렇게 정리된 손익계산서 데이터를 기반으로, Claude에게 어떤 분석을 요청할 수 있는지 살펴보겠습니다.

2.4.2 데이터 조회하기

Claude는 자연어 기반의 인터페이스를 제공하기 때문에 복잡한 SQL 문법을 몰라도 원하는 분석을 손쉽게 진행할 수 있습니다. 이번 절에서는 다음과 같은 순서로 조회와 분석을 진행합니다.

1. 가능한 분석 항목을 Claude에 요청
2. 대표 분석 항목에 대한 자연어 보고서 생성
3. Claude Artifact 기능으로 분석 결과 공유
4. SQL 생성 요청 및 수동 실행

분석 가능한 항목 제안 받기

우선 Claude에 손익계산서 데이터를 기반으로 어떤 분석이 가능한지를 물어봅니다. 다음과 같은 프롬프트를 입력합니다.

> income_statemenet 테이블에는 손익 계산서 데이터가 들어 있습니다. 해당 테이블에 있는 데이터로 어떤 분석이 가능할지 설명해주세요.

Claude는 프롬프트 결과로 다음과 같이 다양한 분석 방향을 제시합니다[4].

1. 수익성 분석

핵심 수익성 지표 분석:
- 당기순이익, 영업이익, 경상이익의 연도별 추이 분석
- ROA(총자산수익률), ROE(자기자본수익률) 산출을 위한 기초 데이터 제공
- 영업수익 대비 당기순이익 비율(순이익률) 분석

수익 구조 분석:
- 이자수익 vs 비이자수익(수수료수익, 기타영업수익) 비중 분석

---

[4] https://bit.ly/4nwWXNQ에서 결과를 확인할 수 있습니다.

- 주요 수익원별 기여도 및 성장률 분석
- 대출채권이자, 예치금이자, 증권이자 등 세부 이자수익 구조 분석

2. 비용 효율성 분석

비용 구조 분석:

- 이자비용 vs 비이자비용 비중 분석
- 판매비와일반관리비의 세부 항목별 분석 (급여, 임차료, 감가상각비 등)
- 대손상각비와 충당금 관련 비용 분석.

...(중략)

7. 특수 항목 분석

일회성 항목:

- 유형자산 처분손익
- 명예퇴직급여 등 특별 비용
- 증권 감액손실 및 환입 분석

자연어 보고서 및 시각화 요청하기

Claude의 분석 제안 중 가장 기본적인 '당기순이익, 영업이익, 경상이익의 연도별 추이 분석'을 진행해보겠습니다. Claude에 다음과 같은 프롬프트를 입력합니다.

- income_statemenet 테이블에 있는 데이터를 이용해서 "당기순이익, 영업이익, 경상이익의 연도별 추이 분석"을 진행해주세요. → (1)
- 분석 진행 후 경영진에게 보고할 보고서를 작성해주세요. → (2)
- 보고서는 텍스트와 그래프로 적절히 구성이 돼야 합니다. → (3)

(1) 앞서 Claude가 제안한 다양한 분석 항목 중 원하는 분석 대상 항목을 지정합니다.

(2) 분석된 결과의 출력 형태를 지정합니다. 세부적인 출력 항목을 지정하지 않고, '경영진에게 보고할 보고서'라는 자연어를 통해서도 충분히 잘 정리된 보고서를 얻을 수 있습니다. 혹시 출력된 결과가 마음에 들지 않는다면 다시 세부적으로 지정할 수 있습니다.

(3) 2단계에서 출력 형태를 지정했지만, 조금 더 세부적으로 원하는 출력 형태를 지정했습니다.

Claude는 이를 바탕으로 다음과 같은 형식의 깔끔하게 정리된 보고서를 생성합니다.[5] 이렇게 작성된 보고서는 Claude의 게시 기능을 활용해 외부와 공유할 수 있습니다. 또한 공유 링크를 통해 보고서를 공유 받은 상대방은 Claude Artifact 기능을 활용해 문서를 직접 편집하거나 시각화 양식을 다양하게 수정할 수도 있습니다.

그림 2.48 Claude로 생성한 보고서

---

[5] https://bit.ly/4o0Dw1a에서 결과를 확인할 수 있습니다.

TIP _ Claude Artifact란?

Claude Artifact(클로드 아티팩트)는 Claude가 생성한 콘텐츠(문서, 표, 그래프 등)를 별도 창에서 저장·편집·공유할 수 있도록 지원하는 기능입니다.

예를 들어 앞서 생성한 '손익 추이 분석 보고서'를 게시한 뒤 공유 링크를 전달하면, 받은 사용자는 [Customize] 버튼을 눌러 해당 보고서를 자유롭게 수정할 수 있습니다. 분석 항목을 추가하거나, 시각화 형식을 바꾸거나, 내용을 요약하는 등의 작업을 별도의 창에서 바로 진행할 수 있습니다.

- **손익 추이 분석 보고서 예시**: https://bit.ly/Claude_Artifacts

상세 분석 데이터				
구분	2001년	2002년	2003년	연평균증가율
영업수익	11,441억원	11,608억원	12,134억원	+3.0%
영업이익	1,554억원	1,380억원	1,423억원	-4.3%
경상이익	307억원	1,312억원	1,153억원	+93.6%
당기순이익	307억원	1,312억원	1,108억원	+89.7%

| 수익률 분석 |

그림 2.49 Claude로 생성한 손익 추이 분석 보고서

다음은 위 보고서를 공유받은 사용자가 "상세 분석 데이터를 파이그래프로 시각화해주세요"라는 요청을 통해 내용을 변경한 사례입니다. 이처럼 Artifact 기능을 활용하면 고정된 결과물을 받는 것이 아니라, 협업과 후속 분석이 가능한 '열린 결과물'을 얻어 활용할 수 있습니다.

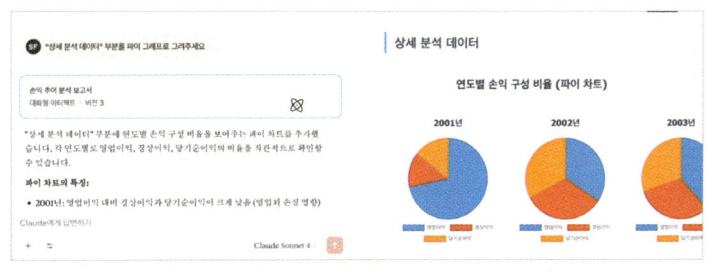

그림 2.50 Claude Artifact로 보고서 수정

SQL 코드 생성 및 직접 실행

보다 정확한 수치 비교나 계산이 필요한 경우, Claude에 SQL 코드를 요청해 직접 DB Browser for SQLite에서 실행할 수도 있습니다. 예를 들어 다음과 같은 프롬프트를 입력합니다.

- income_statemenet 테이블에 있는 데이터를 이용해서 "당기순이익, 영업이익, 경상이익의 연도별 추이 분석"을 진행하려고 합니다. → (1)

- 분석 진행을 위한 SQL 코드를 알려주세요. SQL 코드는 SQLite에서 실행이 가능해야 합니다. → (2)

    (1) 분석 목적을 명확히 알려줍니다. Claude는 분석 목적을 살펴보고 적절한 SQL을 작성해줍니다.

    (2) 출력되는 SQL이 어느 환경에서 실행되어야 하는지 명확히 알려줘야 합니다. SQL도 다양한 제품이 출시되고 있고, 각각의 제품에 활용되는 문법이 약간씩 다르기에 SQLite에서 실행되는 SQL을 작성해달라고 명확하게 요청해야 합니다.

Claude에서는 하나의 프롬프트에 대해 **3~4개 이상의 다양한 SQL 쿼리 예시를 함께 제안**[6]합니다. 예를 들어 단순 추이 분석, 증감률 분석, 종합 추이 분석, 수익성 지표 분석 등 목적별로 여러 방식의 쿼리를 생성해 보여주며, 각 SQL이 어떤 분석에 적합한지에 대한 간단한 설명도 함께 제공합니다.

사용자는 제안된 SQL 중에서 가장 적절한 쿼리를 선택하거나 필요에 따라 원하는 항목을 결합해 새로운 쿼리로 재구성할 수 있습니다. 이후 선택

---

[6] https://bit.ly/4n5xgnP에서 결과를 확인할 수 있습니다.

한 SQL을 DB Browser for SQLite에 붙여넣고 실행하면 손익 계산서의 구조적 흐름과 수치를 명확히 파악할 수 있습니다.

다음은 Claude에서 제안한 다양한 SQL 중에서 전년대비 증감률을 계산하기 위한 SQL을 실행하고 결과를 확인하는 과정입니다.

```
-- 전년 대비 증감률 계산

SELECT
    연도,
    -- 현재년도 실적 (억원 단위)
    ROUND(영업이익 / 100000000.0, 1) AS 영업이익_억원,
    ROUND(경상이익 / 100000000.0, 1) AS 경상이익_억원,
    ROUND(당기순이익 / 100000000.0, 1) AS 당기순이익_억원,

    -- 전년 대비 증감률 계산
    CASE
        WHEN LAG(영업이익) OVER (ORDER BY 연도) > 0 THEN
            ROUND((영업이익 - LAG(영업이익) OVER (ORDER BY 연도)) * 100.0 / LAG(영업이익) OVER (ORDER BY 연도), 2)
        ELSE NULL
    END AS 영업이익_증감률,

    CASE
        WHEN LAG(경상이익) OVER (ORDER BY 연도) > 0 THEN
            ROUND((경상이익 - LAG(경상이익) OVER (ORDER BY 연도)) * 100.0 / LAG(경상이익) OVER (ORDER BY 연도), 2)
        ELSE NULL
    END AS 경상이익_증감률,
```

```
CASE
    WHEN LAG(당기순이익) OVER (ORDER BY 연도) > 0 THEN
        ROUND((당기순이익 - LAG(당기순이익) OVER (ORDER BY 연도)) *
100.0 / LAG(당기순이익) OVER (ORDER BY 연도), 2)
    ELSE NULL
END AS 당기순이익_증감률

FROM income_statement
WHERE 연도 IS NOT NULL
ORDER BY 연도;
```

위 SQL을 복사해 DB Browser for SQLite에서 실행하면 다음과 같은 결과를 확인할 수 있습니다.

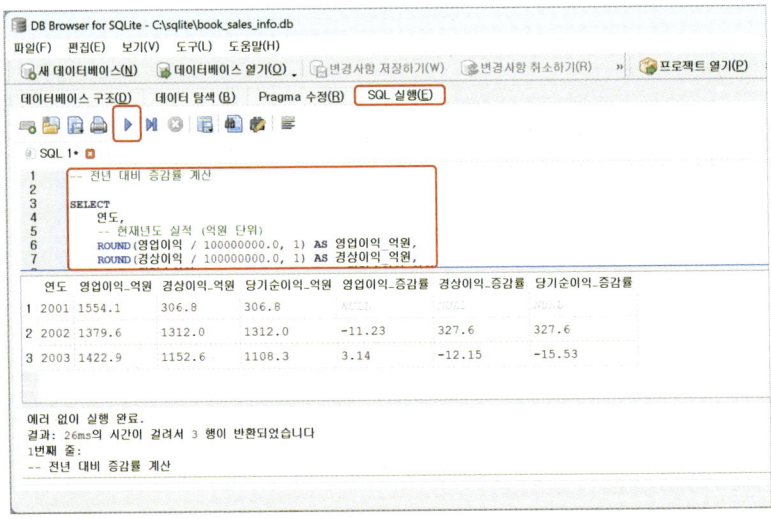

그림 2.51 SQL을 복사해 DB Browser에서 실행

생성된 SQL은 특정 필드를 추가하거나, 단위를 억에서 조 단위로 변경하거나, 그룹핑 조건을 바꾸는 등 다양한 방식으로 **자연어를 통해 쉽게 수정 요청이 가능**합니다. 예제로 살펴본 SQL을 직접 수작업으로 작성하려면 상당한 데이터베이스 지식과 문법 이해가 필요하지만, Claude를 활용하면 **복잡한 SQL 없이도 정확한 데이터 추출이 가능**합니다. 결국 중요한 것은 SQL을 직접 쓸 수 있는 능력이 아니라, 자신이 원하는 분석을 **명확하게 프롬프트로 표현할 수 있는 능력**입니다.

이 절에서는 Claude MCP를 활용해 손익계산서 데이터를 다양한 방식으로 조회하고 분석하는 방법을 살펴보았습니다. Claude MCP를 사용하면 복잡한 코딩 없이 자연어로 질문을 입력하는 것만으로도 분석, 시각화된 보고서 작성, SQL 코드 생성까지 가능합니다. Claude MCP가 단순히 질문에 답하는 도구가 아니라 실제 업무에 활용할 수 있는 데이터 분석 파트너라는 점을 직접 경험할 수 있을 것입니다.

2.5 아파트 인덱스 지수 분석하기

아파트 가격 동향은 실수요자와 투자자 모두에게 중요한 관심사입니다. 특히 장기적인 가격 흐름을 파악하거나 지역 간 시장 격차를 분석할 때 지표 데이터를 체계적으로 다루는 것이 필수적입니다.

이번 절에서는 월간 아파트 매매가격 지수를 이용해 아파트 가격이 어떻게 변하는지 분석하는 방법을 실습합니다. Claude MCP와 SQLite를 활용하면 전국 및 지역별 아파트 가격의 변화 추세와 변동성을 쉽게 파악할 수 있습니다. 또한, 자연어로 질문을 입력해 지역 간 가격 차이를 비교하는 방법도 함께 알아보겠습니다.

2.5.1 데이터 입력하기

KB부동산 데이터 허브에서는 월별 아파트 매매가격 지수를 지역별로 제공하고 있습니다. 이 데이터는 전국 및 광역시도, 시군구 단위까지 구분되며, 다양한 지역 간 가격 변동을 비교하거나 장기적인 흐름을 분석하는 데 유용합니다.

- **KB부동산 데이터 허브**: https://data.kbland.kr

이번 절에서는 KB부동산 데이터 허브에서 제공하는 데이터를 Claude와 SQLite를 활용해 분석 가능한 형태로 정리하고, 데이터베이스에 입력하는 과정을 살펴보겠습니다.

아파트 지수 데이터 구조 확인 및 전처리

01. 먼저 KB부동산 홈페이지에 접속해 [KB통계] – [주택가격동향조사] 메뉴를 선택합니다.

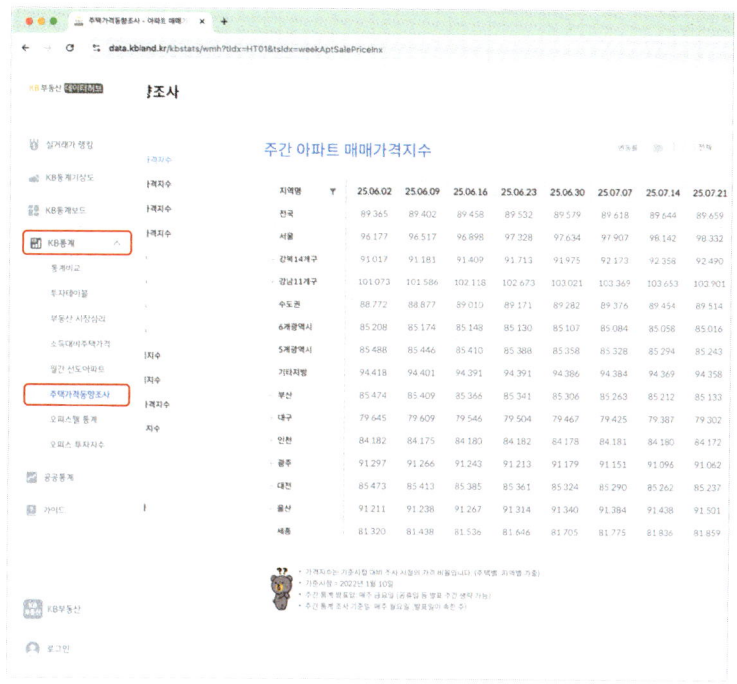

그림 2.52 KB부동산 홈페이지에서 주택가격동향조사 선택

02. 이어서 [월간 아파트 매매가격지수] 메뉴를 선택합니다. 화면 오른쪽에서 [엑셀 저장]을 선택해 엑셀 형태의 데이터를 다운로드할 수 있습니다.

그림 2.53 월간 아파트 매매가격지수 다운로드

03. 이 파일에는 세로 방향으로 278개의 지역명, 가로 방향으로 61개월의 월간 지수가 포함돼 있어 총 16,958개의 데이터가 존재합니다.

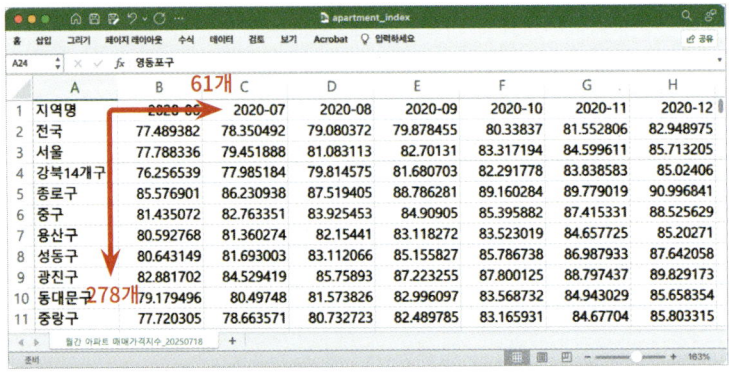

그림 2.54 월간 아파트 매매가격지수 엑셀 파일

하지만 이와 같은 형태는 바로 데이터베이스에 입력하기 어렵습니다. 데이터가 행과 열에 퍼져 있기 때문에 다음과 같은 형태로 구조를 바꿔야 SQLite에 적절히 저장할 수 있습니다.

연도	월	지역	지수
2025	6	전국	77.489382

Claude를 활용한 구조 변환

📁 **예제 파일** ch02/apartment_index.xlsx

Claude Desktop을 실행하고, 엑셀 파일(apartment_index.xlsx)을 업로드한 후 다음과 같은 프롬프트를 입력합니다.

업로드한 apartment_index.xlsx 파일에 있는 데이터를 다음 조건에 따라서 데이터베이스에 입력해주세요.

- 1행에는 년-월이 지정돼 있고, A 칼럼에는 지역이 저장돼 있습니다. 해당 데이터를 기반으로 '년', '월', '지역', '지수'로 구성된 테이블을 만들어야 합니다. 예를 들어서 2019,08,전국,75.111417 같은 형태로 테이블에 데이터가 저장돼야 합니다. → **(1)**
- 테이블 이름은 'apartment_index'입니다. → **(2)**
- '-'로 표시된 부분은 0으로 표시해주세요. → **(3)**

(1) 엑셀의 구조를 기준으로, '년-월'과 '지역명', '지수'를 추출해 '연도', '월', '지역', '지수' 칼럼으로 나눠 저장하도록 지정했습니다.

(2) 테이블 이름은 apartment_index로 고정하여 이후 질의 및 분석 시 일관되게 사용할 수 있도록 설정했습니다.

(3) 일부 셀에서 누락값 또는 '-'로 표시된 항목은 SQLite가 숫자로 처리할 수 없기 때문에 숫자 0으로 치환해 입력되도록 요청했습니다.

Claude는 이 프롬프트를 기반으로 데이터 구조를 추출해 테이블을 구성합니다. 하지만 샘플 100건 정도의 입력과 결과 확인에만 10분 이상이 걸렸고, 전체 16,958건의 데이터를 모두 처리하려면 시간이 과도하게 걸릴 것으로 예상됐습니다.

CSV 파일로 변환 요청하기

이처럼 구조가 복잡한 데이터를 데이터베이스에 입력하는 가장 일반적인 방법은 엑셀 데이터를 CSV 파일로 변환한 뒤, 해당 파일을 SQLite에서 가져오는 것입니다.

처음에는 Claude를 활용해 CSV 파일로 변환 작업을 시도했습니다. 다음과 같은 프롬프트를 입력하면 Claude가 엑셀 파일을 읽고 CSV 구조로 재구성해 줍니다[7].

업로드한 apartment_index.xlsx 파일에 있는 데이터를 테이블에 입력하기 위한 형태로 바꾸려고 합니다.

- 1행에는 년-월이 지정돼 있고, A 칼럼에는 지역이 저장돼 있습니다. 해당 데이터를 '년', '월', '지역', '지수' 형태로 바꾸려고 합니다. 예를 들어서 2019,08,전국,75.111417 같은 형태로 바꿔주세요. → **(1)**
- '-' 로 표시된 부분은 0으로 표시해주세요. → **(2)**
- 작업 결과는 CSV 파일 형태로 보여주세요. → **(3)**

   (1) 엑셀의 가로 구조를 '년', '월', '지역', '지수' 중심의 세로형 테이블로 바꾸겠다는 요청입니다.

   (2) 지수가 없는 셀에 '-'가 들어간 경우를 0으로 치환해 누락 없이 처리하도록 지정했습니다.

   (3) 최종 결과는 CSV 형식으로 출력하도록 요청했습니다.

Claude는 이 요청을 인식하고 구조 변환을 순차적으로 진행하지만, 변환 중간 과정을 한 줄씩 실시간으로 출력하는 방식이기 때문에 전체 16,000건이 넘는 데이터를 변환하는 데 상당한 시간이 걸렸습니다. Claude의 구조적 특성으로 인해 이와 같은 대용량 작업에는 적절하지 않은 경우가 많습니다.

---

7 https://bit.ly/3Vm40Nt에서 결과를 확인할 수 있습니다.

더 효율적인 대안: Gemini 활용하기

이처럼 대량의 데이터를 변환하는 보다 효율적인 대안으로 Google의 Gemini가 있습니다.

Gemini는 Claude와 유사한 생성형 AI 도구로, Claude가 문장 단위로 출력을 구성하는 반면, Gemini는 전체 결과를 한 번에 파일로 생성하는 방식에 강점을 갖고 있습니다. 특히 표 구조 변환이나 텍스트-CSV 변환과 같은 반복 작업에서는 처리 속도가 훨씬 빠릅니다.

- **Gemini**: https://gemini.google.com/

Gemini 사이트에서 엑셀 파일을 업로드하고 앞서 사용한 것과 동일한 프롬프트를 입력합니다.

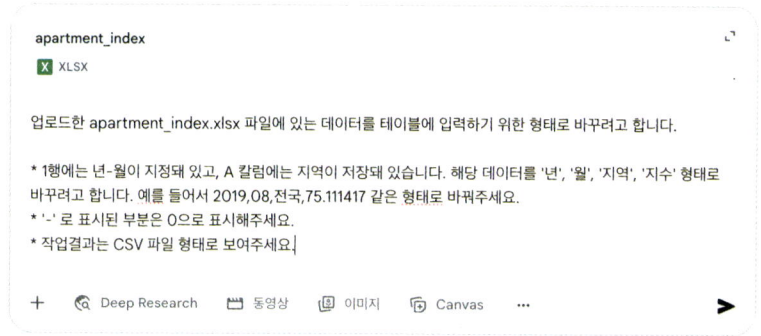

그림 2.55 Claude 대신 Gemini에 요청

Gemini는 이 요청을 받아 1~2분 이내에 전체 데이터 변환을 완료하고, 다운로드 가능한 CSV 파일 링크를 반환합니다. Claude와 달리 작업 진행

중간에 한 줄씩 출력하지 않고, 변환된 최종 결과만 제공하기 때문에 속도와 응답 안정성 측면에서 더 효율적입니다.

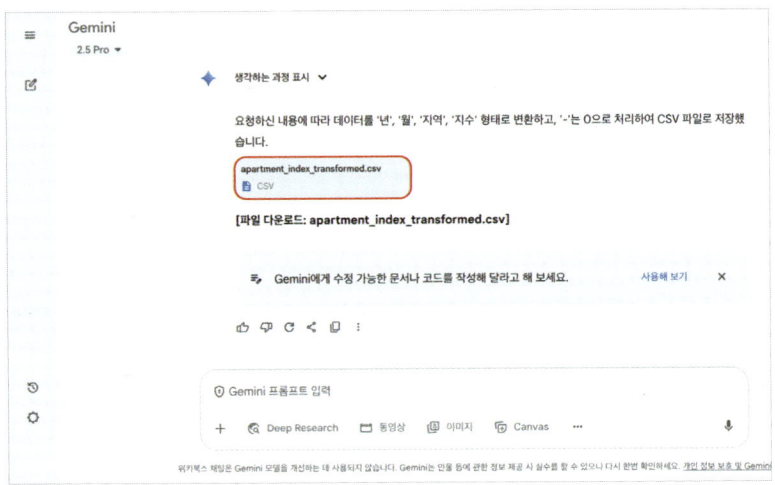

그림 2.56 링크를 클릭해서 CSV 파일 다운로드

Claude는 데이터 구조 설계와 전처리 아이디어에 강점이 있으며, Gemini는 실제 대량 변환과 파일 출력 단계에서 탁월한 성능을 발휘하므로, 두 도구를 적절히 병행 사용하면 더욱 효율적인 데이터 처리 환경을 구축할 수 있습니다.

DB Browser를 통한 데이터베이스 입력

CSV 파일이 준비됐으면, DB Browser for SQLite를 실행하고 다음 절차에 따라 테이블을 생성합니다.

01. DB Browser for SQLite를 실행하고, [파일] – [가져오기] – [CSV 파일에서 테이블 가져오기] 메뉴를 클릭합니다.

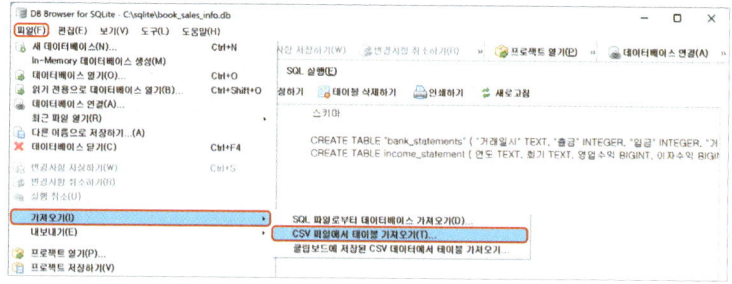

그림 2.57 DB Browser에서 CSV 파일에서 테이블 가져오기 선택

02. 가져올 CSV 파일을 선택하고, 테이블 이름을 'apartment_index'로 지정합니다. 첫 행에 필드명 포함이 체크돼 있는지 확인하고, [확인] 버튼을 클릭하면 테이블 생성과 데이터 입력이 자동으로 완료됩니다.

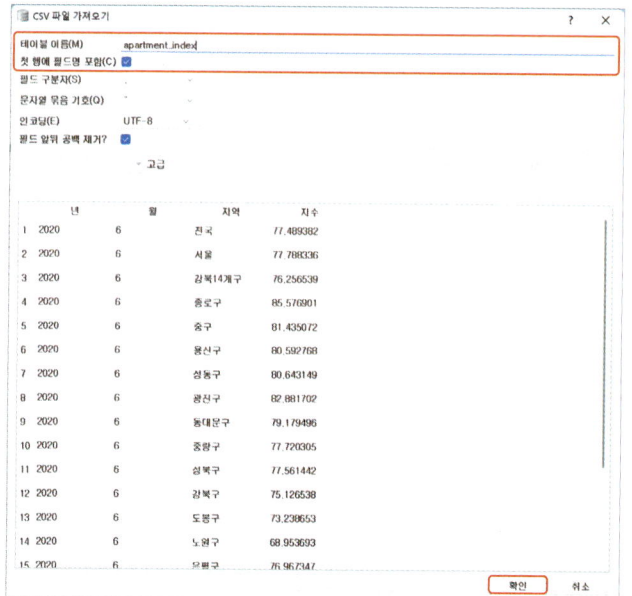

그림 2.58 가져올 CSV 파일 선택 및 테이블 이름 지정

02부 _ SQLite MCP로 다양한 데이터 분석 업무 자동화하기

03. 입력이 끝난 후 상단의 [데이터 탐색] 탭을 클릭하고, apartment_index 테이블을 선택하면, 총 16,958건의 데이터가 '년', '월', '지역', '지수' 칼럼으로 정리된 형태로 저장된 것을 확인할 수 있습니다.

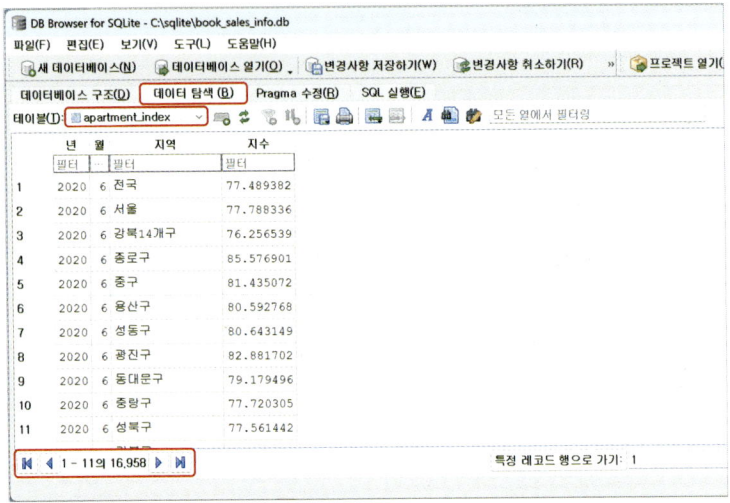

그림 2.59 정리된 데이터 확인

2.5.2 데이터 조회하기

데이터베이스에 아파트 인덱스 지수 데이터를 입력한 이후에는 Claude를 통해 자연어로 다양한 분석을 수행할 수 있습니다. 분석 목적이 명확하다면 SQL 없이 프롬프트만으로 상당수의 작업을 처리할 수 있으며, 시계열 추이, 지역 간 비교, 리스크 평가 등 복잡한 분석 역시 Claude가 도와줍니다.

우선 Claude에 다음과 같은 프롬프트를 입력해 이 데이터로 어떤 분석이 가능한지부터 알아봅니다.

> apartment_index 테이블에는 전국의 지역별 아파트 인덱스 지수가 저장돼 있습니다. 해당 테이블에 있는 데이터로 어떤 분석이 가능할지 설명해주세요.

Claude는 다음과 같은 데이터 개요 및 분석 방향을 제안합니다.

apartment_index 테이블 데이터 현황

- 기간: 2020년 ~ 2025년 (월별 데이터)
- 지역: 278개 지역 (전국, 광역시도, 시군구 단위)
- 지수: 아파트 인덱스 지수 (실수값)

이 데이터로 가능한 **핵심 분석 영역**들을 소개해드리겠습니다:

1. 시계열 트렌드 분석
   - 전국 및 지역별 아파트 인덱스 변화 추이 분석
   - 계절성 패턴 파악 (월별 변동 패턴)
   - 코로나19 전후 시장 변화 분석
   - 정책 변화가 시장에 미친 영향 분석

2. 지역 간 비교 분석
   - 수도권 vs 비수도권 인덱스 격차 분석
   - 강남 vs 강북 지역 인덱스 비교
   - 광역시별 아파트 시장 비교
   - 신도시 vs 구도심 지역 비교

3. 상관관계 및 클러스터 분석
   - 지역 간 인덱스 상관관계 분석
   - 유사한 패턴을 보이는 지역 그룹핑

- 선도 지역과 후행 지역 식별

4. 변동성 및 리스크 분석
    - 지역별 인덱스 변동성 측정
    - 급등/급락 구간 식별
    - 안정성이 높은 지역 vs 변동성이 큰 지역 분류

5. 예측 모델링
    - 시계열 예측 모델을 통한 향후 인덱스 전망
    - 지역별 성장률 예측
    - 계절성을 고려한 단기 예측

6. 투자 관점 분석
    - 투자 수익률이 높은 지역 식별
    - 리스크 대비 수익률 분석
    - 매수/매도 타이밍 분석

변동성 중심 분석 예시

이 중에서 '안정성이 높은 지역 vs 변동성이 큰 지역 분류'에 대한 분석을 요청해보겠습니다. Claude에 입력한 프롬프트는 다음과 같습니다.

- "안정성이 높은 지역 vs 변동성이 큰 지역 분류"에 대한 분석을 진행하고 결과 보고서를 작성해주세요. → (1)
- 추세 데이터는 HTML 파일을 이용한 그래프로 그려주세요. → (2)

(1) 어떤 분석을 진행할지를 지정합니다.

(2) 그래프의 출력 형태를 지정할 수 있습니다. 그래프는 SVG 혹은 HTML 형태로 지정할 수 있습니다. HTML로 출력 형태를 지정하면 인터랙티브한 출력 결과를 얻을 수 있습니다.

Claude는 월별 아파트 인덱스 지수의 표준편차를 기준으로 각 지역의 변동성을 계산하고, 이를 바탕으로 안정성이 높은 지역과 변동성이 큰 지역을 자동으로 분류합니다. 분석 결과는 HTML 기반의 추세 그래프로 시각화되며, 각 지역의 흐름과 차이를 직관적으로 확인할 수 있도록 구성됩니다. 마지막에는 주요 특징을 요약하고 해석을 덧붙인 보고서 형태로 정리해 줍니다[8].

> **TIP _ 표준편차와 변동성이란?**
>
> '표준편차'는 통계 용어로, 데이터가 평균값에서 얼마나 멀리 흩어져 있는지를 나타내는 값입니다. 아파트 가격 지수에서 표준편차가 크다는 것은 가격의 오르내림, 즉 '변동성'이 심하다는 의미이며, 반대로 표준편차가 작다는 것은 가격 움직임이 비교적 안정적이라는 뜻입니다.

처음부터 완성도 높은 보고서를 얻기는 것은 어렵지만, Claude가 생성한 초안을 기반으로 2~3회 정도의 수정 요청만 진행하면 다음과 같이 실무에서도 바로 활용할 수 있을 만큼 정제된 결과를 얻을 수 있습니다.

---

[8] https://bit.ly/42hB25p에서 결과를 확인할 수 있습니다.

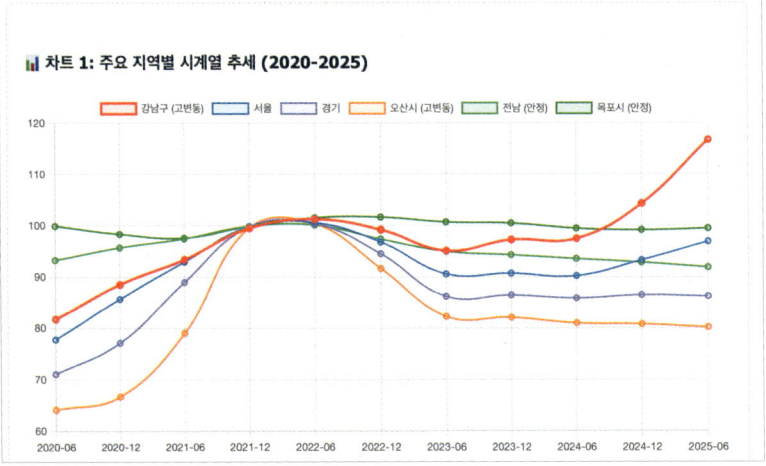

그림 2.60 Claude가 생성한 보고서

데이터베이스 기반 분석의 장점

지금까지 살펴본 것처럼, 데이터를 데이터베이스에 입력하고 분석하면 단순히 파일을 업로드해서 분석하는 방식에 비해 다음과 같은 뚜렷한 장점이 있습니다. 물론 Claude에 엑셀이나 CSV 파일을 직접 업로드해서 분석을 진행하는 것도 가능하지만, 데이터를 먼저 데이터베이스에 정리해서 입력한 뒤 분석하는 방식이 훨씬 더 큰 장점을 지닙니다.

데이터베이스 테이블과 CSV 파일의 차이는 도서관과 창고의 차이와 같습니다. CSV 파일은 마치 **모든 책을 한 상자에 넣어둔 창고**와 같아서, 원하는 정보를 찾기 위해 전체를 뒤져야 합니다. 반면 데이터베이스 테이블은 **책이 잘 분류돼 정리된 도서관**처럼 필요한 정보만 빠르게 찾아낼 수 있습니다.

이런 구조 덕분에 Claude에 다음과 같은 간단한 프롬프트만으로 원하는 질의를 SQL로 생성하고 정확한 결과를 얻을 수 있습니다. 또한 그래프, 보고서, 요약 분석 등 후속 작업도 자연스럽게 이어집니다.

예를 들어 특정 지역의 데이터를 직접 조회하고 싶을 때도 있습니다. 가령 '오산시'의 월별 지수 변화가 궁금하다면 Claude에 간단히 프롬프트를 입력해 해당 지역을 포함한 몇몇 지역의 지수 데이터를 직접 조회할 수 있는 SQL을 요청할 수 있습니다.

> 지역 칼럼 값이 '강남구', '서울', '경기', '오산시'의 모든 '지수'를 얻기 위한 SQL을 알려주세요.

이 요청에 대해 Claude는 여러 가지 방식의 SQL을 제안합니다. 하나는 시간순으로 정렬된 결과를 출력하는 방식이고, 다른 하나는 각 지역의 월별 지수를 나란히 비교할 수 있는 피벗 형태로 변환한 SQL입니다.

1. 시간 순으로 정렬

```sql
SELECT 년, 월, 지역, 지수
FROM apartment_index
WHERE 지역 IN ('강남구', '서울', '경기', '오산시')
  AND 지수 > 0
ORDER BY 년, 월, 지역;
```

2. 피벗형태로 조회

```sql
SELECT
    년, 월,
    MAX(CASE WHEN 지역 = '강남구' THEN 지수 END) as 강남구,
    MAX(CASE WHEN 지역 = '서울' THEN 지수 END) as 서울,
    MAX(CASE WHEN 지역 = '경기' THEN 지수 END) as 경기,
    MAX(CASE WHEN 지역 = '오산시' THEN 지수 END) as 오산시
FROM apartment_index
WHERE 지역 IN ('강남구', '서울', '경기', '오산시')
  AND 지수 > 0
GROUP BY 년, 월
ORDER BY 년, 월;
```

·
·

이 중에서 적절한 SQL을 선택해 DB Browser for SQLite의 [SQL 실행] 탭에 붙여넣고 실행하면, 해당 지역들의 월별 인덱스 지수 데이터를 직접 확인할 수 있습니다. 이후 이 데이터를 복사해 엑셀에서 시각화하거나 다른 분석과 결합해 활용할 수도 있습니다.

이처럼 데이터가 데이터베이스에 정리돼 있으면 자연어 프롬프트 하나로도 정밀한 SQL을 얻을 수 있고, 원하는 정보를 빠르게 조회할 수 있습니다.

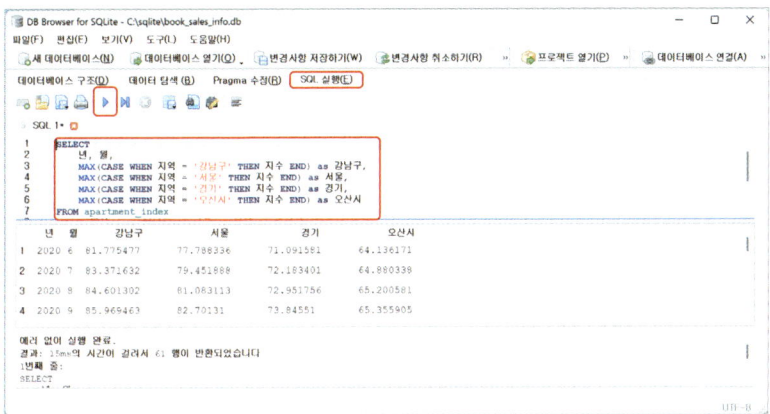

그림 2.61 DB Browser for SQLite에서 SQL 실행

데이터를 데이터베이스에 입력하면 활용도가 대폭 높아집니다. 예를 들어, AI를 통해 그래프가 포함된 보고서를 손쉽게 만들거나 자연어로 SQL을 요청해 필요한 데이터를 즉시 조회하는 등 다양한 보조 분석이 가능해집니다.

2.6 마무리

이번 장에서는 은행 거래 내역, 손익계산서, 아파트 매매가격 지수 등 실생활에서 자주 접하는 데이터를 분석하는 방법을 다뤘습니다. 이 과정에서 엑셀이나 PDF처럼 구조화되지 않은 데이터를 Claude로 정리해 SQLite에 입력하고, 자연어 기반 분석과 시각화로 확장하는 방법을 실습했습니다.

각 예제마다 데이터의 성격과 처리 방식은 다르지만, 공통적으로 Claude MCP는 데이터 입력부터 질의 생성, 보고서 작성, SQL 자동화까지 폭넓은 기능을 제공합니다. 특히 Claude는 복잡한 SQL 문법을 몰라도 자연어 프롬프트만으로 원하는 분석을 수행할 수 있도록 도와주며, 반복적인 업무를 단순화하거나 자동화하려는 사용자에게 매우 강력한 도구가 될 수 있습니다.

또한 SQLite는 가볍고 관리가 쉬운 관계형 데이터베이스로서, 로컬 환경에서 빠르게 테스트하거나 단일 사용자 기준의 데이터 분석에 적합한 플랫폼임을 확인할 수 있었습니다. Claude와 SQLite를 함께 활용하면, 기술적 진입 장벽 없이도 누구나 데이터 중심의 업무 프로세스를 구축할 수 있습니다.

SQLite, MCP,
바이브 코딩을 활용한
**데이터 분석과
업무 자동화**

PART

03

SQLite MCP로 판매 정보 조회 시스템 만들기

SQLite MCP는 데이터를 쉽고 강력하게 활용할 수 있는 도구입니다. 데이터베이스에 한 번 입력된 정보는 다양한 관점에서 반복적으로 분석할 수 있으며, 필요에 따라 시각적인 보고서나 그래프 형태로 가공해 공유할 수 있습니다. 이렇게 생성된 분석 결과는 동료와 손쉽게 협업하는 기반이 되며, 개인의 생산성뿐만 아니라 조직 전체의 데이터 활용 역량을 크게 향상시킵니다.

특히 자연어 프롬프트만으로 데이터를 조회하고, 결과를 시각화하거나 요약 보고서로 만들 수 있는 기능을 통해 SQL을 모르는 비전문가도 실질적인 데이터 분석과 활용이 가능한 환경을 제공합니다.

이번 장에서는 SQLite MCP의 이러한 강점을 실제 출판사 업무에 적용해 보기 위해 도서 판매 정보를 기반으로 분석 시스템을 구축해 보겠습니다. 출판사에서 실무에 사용하는 데이터를 바탕으로 데이터베이스를 만들고, 자연어 프롬프트를 통해 데이터를 조회하며, 챗봇과 시각화 기능까지 단계별로 실습합니다.

3.1 위키북스 판매 정보 시스템 소개

앞서 2장에서는 SQLite MCP를 이용해서 쉽게 데이터를 조회하고 시각화하는 방법을 살펴봤습니다. 이번 절에서는 그 가능성을 실제 업무에 적용한 구체적인 사례를 살펴보겠습니다. 위키북스는 출판사 업무에서 반복되는 판매 분석과 인쇄 계획 수립 과정을 자동화하기 위해 SQLite MCP를 중심으로 한 데이터 조회 시스템을 구축했습니다. 그 과정에서 위키북스가 어떤 문제를 겪었고, 이를 어떻게 해결했는지 차근차근 살펴보겠습니다.

데이터를 엑셀로만 다루던 시절

많은 출판사에서는 도서 판매 정보를 한국출판물류(KBLC), 대한출판문화협회, 그리고 개별 온라인서점 등의 경로를 통해 수집합니다. 하지만 이 정보들은 대부분 엑셀 파일 형태로 각기 다른 시스템에서 내려받아 관리되며, 동일한 도서라도 형식이나 범주가 달라 일관된 분석이 어렵습니다.

예를 들어, 한 달간의 판매 추이를 보고하려 해도 각 판매처에서 개별적으로 내려받은 데이터를 하나하나 열고, 복사하고, 붙여넣는 작업을 반복해야 합니다. 어떤 데이터는 날짜가 누락돼 있고, 어떤 파일은 도서명이 잘려 있거나 표기 방식이 제각각입니다. 작은 오타나 정렬 오류 하나로 보고서 전체가 틀어지는 일도 드물지 않습니다.

이러한 여러 가지 문제로 인해 기존에는 보고서 작성에 시간이 많이 걸리고 정확성도 보증하기 어려웠습니다. 현황을 빠르게 파악하고 인쇄나 재고에 대한 의사결정을 내려야 하는 상황에서 이처럼 정리돼 있지 않은 데이터는 오히려 걸림돌이 됩니다.

SQLite MCP로 문제 해결하기

위키북스는 반복적인 데이터 정리와 수작업 보고서 작성에서 벗어나기 위해 SQLite MCP 기반의 판매 정보 조회 시스템을 구축했습니다. 이 시스템은 '위키북스 판매정보 시스템'이라는 이름으로 운영되며, 다양한 주제의 판매 데이터를 조회할 수 있는 챗봇의 모음으로 구성되어 있습니다.

판매정보 시스템은 위키북스 내부 데이터뿐 아니라, 외부 기관에서 제공하는 정보를 하나의 데이터베이스로 통합해 운영합니다. 대표적으로 한국출판물류(KBLC)에서 제공하는 도서 입출고 및 월별 판매 데이터, 대한출판문화협회[1]의 판매처별 판매 내역, 그리고 위키북스 자체에서 관리하는 도서 및 저자 정보를 포함하고 있습니다. 형식이 제각각인 데이터를 스크레이핑이나 엑셀 다운로드 방식으로 수집한 뒤, SQLite 데이터베이스에 저장합니다.

이렇게 통합된 데이터는 챗봇을 통해 자연어로 쉽게 조회할 수 있으며, 사용자는 SQL을 전혀 몰라도 판매 현황, 인쇄 예정 도서, 재고 소진 속도 등을 실시간으로 파악할 수 있습니다. 덕분에 반복적인 보고 업무는 자동화되고, 판매량 기반의 인쇄 계획은 보다 정밀하게 수립되었으며, 데이터 정합성을 기준으로 한 업무 프로세스가 자리를 잡았습니다.

정기 보고서를 만드는 데 드는 시간도 줄고, 정확하고 신뢰할 수 있는 데이터 기반의 판단이 가능해진 것입니다. 이는 별도의 서버나 웹 시스템 없이, SQLite MCP만으로도 실무에 적용 가능한 강력한 시스템을 구현할 수 있음을 보여주는 사례입니다.

---

[1] https://bsi.kpa21.or.kr/

챗봇 중심의 실무형 조회 시스템

위키북스 판매정보 시스템은 다양한 판매 데이터를 조회할 수 있는 챗봇들로 구성되어 있습니다. 사용자가 원하는 정보를 자연어로 입력하기만 하면 챗봇이 필요한 SQL을 생성해 데이터를 조회하고, 시각적인 보고서 형태로 결과를 반환합니다.

위키북스 판매정보 시스템을 구성하는 주요 챗봇과 그 기능은 다음 표와 같습니다.

구분	설명
도서(전체) 월별판매내역	오프라인 전체 도서 월별판매내역 조회
도서(도서별) 월별판매내역	오프라인 개별 도서 월별판매내역 조회
전자책(전체) 월별판매내역	전자책 전체 도서 월별판매내역 조회
전자책(도서별) 월별판매내역	전자책 개별 도서 월별판매내역 조회
판매처별 도서(전체) 월별 판매내역	교보, 예스24 등의 판매처별 전체 도서 월별 판매내역 조회
판매처별 도서(도서별) 판매내역	교보, 예스24 등의 판매처별 개별 도서 판매내역 조회
인쇄 예정 도서 선정	인쇄 예정 도서 조회(3개월 평균 판매량이 현재 재고보다 많다면 인쇄 예정으로 선정)

표 3.1 위키북스 판매 정보 시스템을 구성하는 주요 챗봇

각 챗봇은 다음과 같은 방식으로 작동합니다. 예를 들어, "2024년 3월에 판매량이 가장 많았던 도서를 알려줘"라는 요청을 입력하면 시스템은 해당 월의 도서별 판매 데이터를 집계하고 판매량 기준으로 정렬된 결과를

반환합니다. 사용자는 결과를 바로 확인하거나 필요한 경우 보고서로 저장하거나 공유할 수 있습니다. 다음은 챗봇 결과로 출력되는 화면 예시입니다.

도서별 판매내역 분석

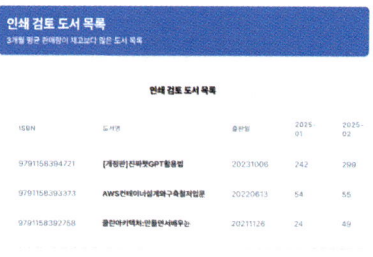

인쇄 검토 도서 목록

전자책 판매내역 분석

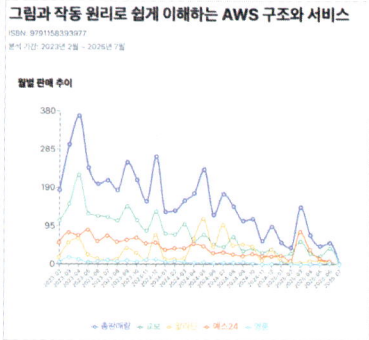

판매처별 판매내역

그림 3.1 챗봇 결과로 출력되는 화면 예시

각각의 챗봇은 아래와 같이 6개의 테이블에 저장된 데이터를 다양하게 조합하여 필요한 내용을 조회하는 방식으로 동작합니다.[2]

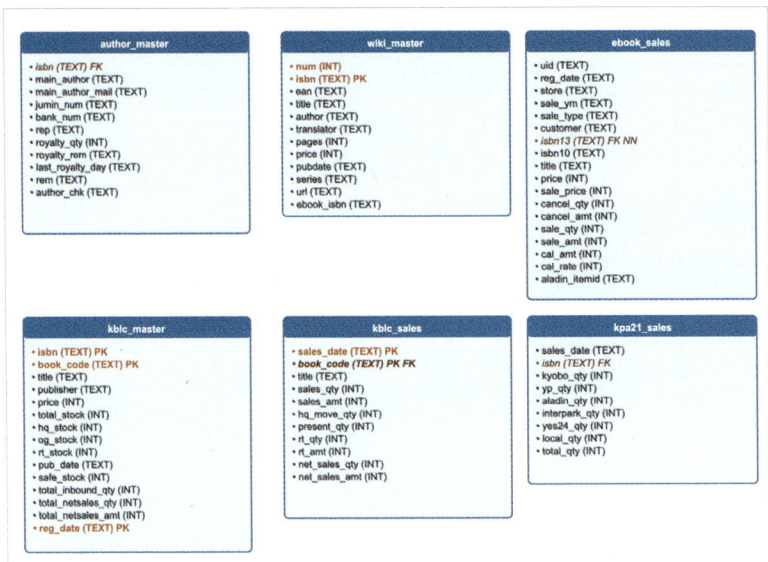

그림 3.2 위키북스 판매정보 시스템의 테이블 구조

테이블 명	설명
ebook_sales	월별 전자책 판매정보로 매월 스크레이핑을 통해서 엑셀로 저장
kblc_master	위키북스 도서 입출고를 담당하고 있는 한국 출판물류 시스템의 도서 마스터 정보를 엑셀로 내려받아서 저장
kblc_sales	위키북스 도서 입출고를 담당하고 있는 한국 출판물류 시스템의 월별 판매 정보를 엑셀로 내려받아서 저장

---

2 https://bit.ly/4pyNQyg에서 결과를 확인할 수 있습니다.

테이블 명	설명
kpa21_sales	대한출판문화협회에서 제공하는 개별 도서에 대한 판매처별 판매내역(https://bsi.kpa21.or.kr/) 데이터를 스크레이핑을 통해서 저장
wiki_master	위키북스에서 자체적으로 관리하는 도서 마스터 정보(시리즈 도서 관리 등을 위해서 마스터를 관리)
author_master	위키북스에서 자체적으로 관리하는 저자별 인세 지급 정보

표 3.2 위키북스 판매 정보 시스템의 테이블 구조 설명

데이터는 정기적으로 업데이트되며, 필요 시 새로운 테이블이나 외부 데이터도 쉽게 추가할 수 있습니다. 모든 데이터는 SQLite로 관리되므로 복잡한 데이터베이스 관리 시스템 없이도 유연한 확장이 가능합니다.

SQLite MCP 기반 시스템의 활용과 확장 가능성

위키북스는 판매정보 시스템을 설계하면서 다음 세 가지 실무 기준을 중심에 두었습니다. 첫째, 데이터 출처가 명확하고 정기적으로 갱신 가능할 것, 둘째, 월 단위 판매 분석과 보고가 자동화될 것, 셋째, SQL에 익숙하지 않은 일반 사용자도 자연어 기반으로 시스템을 활용할 수 있을 것입니다.

이러한 기준을 충족하게 시스템을 설계한 결과, 개발자가 아니더라도 원하는 정보를 신속하게 조회하고 업무에 바로 활용 가능한 환경이 마련되었습니다. 마케팅팀은 신간 도서의 초기 반응을 실시간으로 확인할 수 있게 되었고, 인쇄 필요 도서도 자동으로 추천받아 재고 누락 없이 대응할

수 있게 되었습니다. 반복되던 수작업 보고서 작성도 자연스럽게 줄어들었습니다.

이와 같은 시스템은 출판 분야에만 국한되지 않습니다. 정기적인 재고 관리, 판매 집계, 보고서 생성이 필요한 모든 산업 분야(예를 들어 유통, 교육, 식품, 소비재 등)에서도 손쉽게 응용할 수 있습니다. 핵심은 데이터를 구조화하여 저장하고, 그것을 반복적으로 활용할 수 있는 방식으로 연결하는 것입니다. SQLite MCP는 이를 위한 작고도 강력한 도구입니다.

이번 절에서는 위키북스 시스템의 구성과 흐름을 간략히 살펴봤습니다. 이어지는 절에서는 SQLite MCP를 활용해 실제로 데이터베이스를 구축하고 자연어 기반 조회를 실습하며, 챗봇을 직접 만들어보는 전 과정을 따라가 보겠습니다. 이를 발판으로 각자의 업무 환경에도 적용 가능한 데이터 활용 시스템을 직접 만들 수 있게 될 것입니다.

3.2 도서판매정보 데이터베이스 만들기

앞 절에서 살펴본 위키북스 판매정보 시스템은 여러 출처의 데이터를 통합해 다양한 챗봇을 통해 조회할 수 있는 복합적인 구조로 설계되어 있습니다. 하지만 학습의 시작 단계에서 모든 기능과 데이터를 한꺼번에 다루는 것은 복잡도를 높이고, 핵심 개념을 익히는 데 방해가 될 수 있습니다.

따라서 이번 절에서는 실습의 난이도를 조절하고 핵심 개념에 집중하기 위해 전체 시스템 중 가장 핵심이 되는 두 개의 테이블만으로 구성된 간소화된 데이터베이스를 만들어보겠습니다. 두 테이블은 도서별 판매 내역을 저장하는 book_sales 테이블과 도서의 기본 정보를 담고 있는 book_master 테이블입니다.

구분	설명
도서전체 월별판매내역	전체 도서 판매합계내역 조회
도서별 월별판매내역	개별 도서 월별판매내역 조회

표 3.3 이번 장에서 활용할 두 개의 테이블

이 두 개의 테이블을 기반으로 개별 도서와 전체 도서의 월별판매내역을 조회하는 챗봇을 구현할 예정입니다.

이 챗봇들은 향후 복잡한 시스템으로 확장해 나가기 위한 첫 단계로, 가장 기본이 되는 데이터 조회 흐름을 체험하는 데 목적이 있습니다. 지금부터 실제 데이터를 활용해 SQLite 데이터베이스를 구성하고, 이를 기반으로 자연어 조회를 수행하는 과정을 단계별로 따라가 보겠습니다.

3.2.1 데이터베이스 만들기

예제 파일 ch03/book_sales.csv, ch03/book_master.csv

이번 절에서는 실습용 데이터베이스를 직접 만들어 보겠습니다. 이번 실습은 두 개의 테이블로 구성됩니다. 첫 번째는 도서별(ISBN별) 판매 수량과 판매 금액을 일별로 저장하는 book_sales 테이블이고, 두 번째는 도서의 제목, 저자, 출판일, 가격 등의 기본 정보를 담은 book_master 테이블입니다.

이 두 테이블은 챗봇을 통해 데이터를 조회하거나 통계를 분석할 때 핵심적으로 사용되므로 데이터를 정확히 입력하는 것뿐 아니라 각 필드의 속성(데이터 타입)까지 올바르게 설정하는 것이 중요합니다.

book_master: 도서 기본 정보			book_sales: 도서 일별 판매정보		
칼럼	속성	설명	칼럼	속성	설명
isbn	TEXT	ISBN	isbn	TEXT	ISBN
title	TEXT	도서명	sales_date	TEXT	판매일자
author	TEXT	저자	sales_qty	INTEGER	판매수량
pages	INTEGER	페이지 수	sales_amt	INTEGER	판매금액
price	INTEGER	도서 가격(원)			
pubdate	TEXT	출판일			
series	TEXT	시리즈 정보			
url	TEXT	도서 URL			

표 3.4 이번 장에서 활용할 데이터베이스의 구조

CSV 파일 다운로드

데이터베이스 구축을 위해 도서 예제 페이지에서 아래의 CSV 파일 두 개를 다운로드합니다. 이 파일은 실습을 위해 미리 가공된 데이터이며, 이후 SQLite로 가져와 테이블로 변환하게 됩니다.

- **도서 일별 판매 수량**: book_sales.csv
- **도서 기본 정보**: book_master.csv

새 데이터베이스 만들기

이제 데이터베이스를 만들고 내려받은 파일로 테이블을 생성해 보겠습니다. 이미 1장과 2장에서 데이터베이스를 생성했다면 새 데이터베이스 만들기는 건너뛰어도 됩니다.

01. DB Browser for SQLite를 실행한 후, [새 데이터베이스]를 클릭합니다.

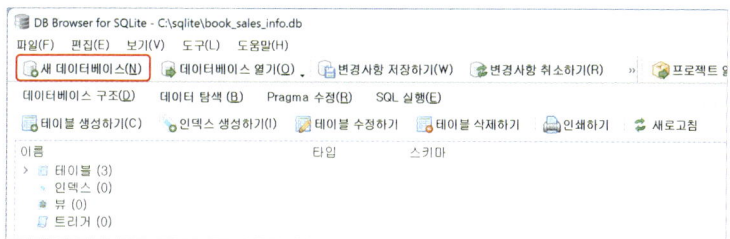

그림 3.3 DB Browser에서 새 데이터베이스 만들기 클릭

02. 팝업창에서 데이터베이스 파일 이름을 지정하고, 데이터베이스 파일을 저장할 경로를 선택합니다. 마지막으로 [저장(S)] 버튼을 클릭하면 새로운 데이터베이스가 생성됩니다.

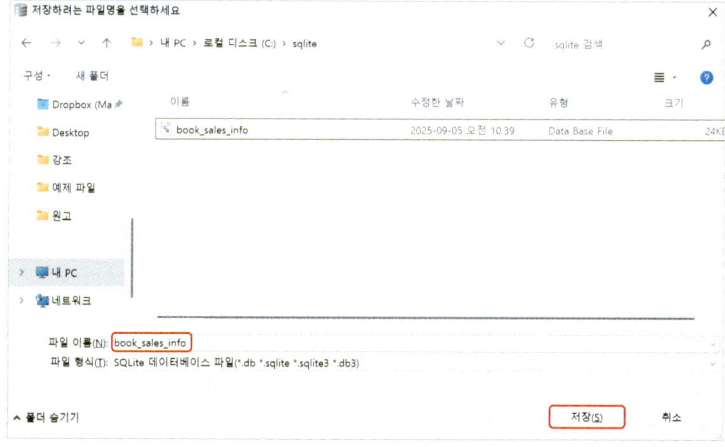

그림 3.4 새 데이터베이스 저장 경로 및 이름 지정

03. 파일이 저장되면 자동으로 '테이블 생성' 창이 열립니다. 여기서는 [취소] 버튼을 눌러 닫습니다. 이 책에서는 CSV 파일을 통해 테이블을 만들 것입니다.

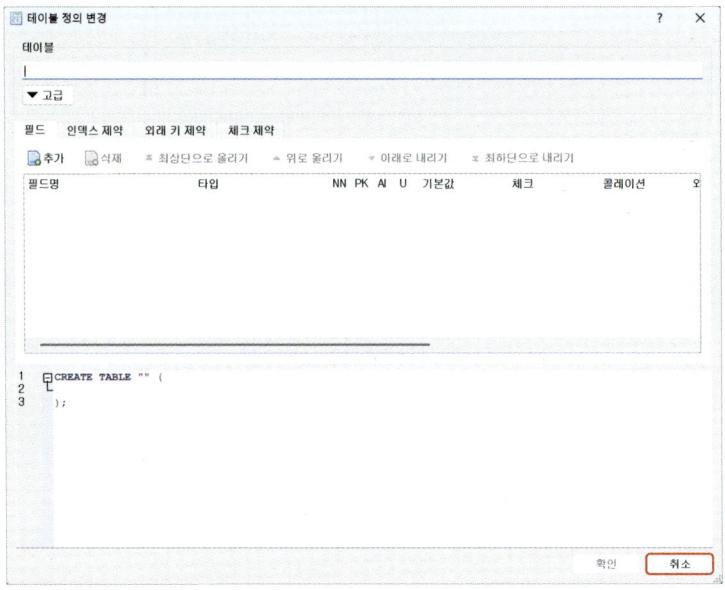

그림 3.5 테이블 생성 창 닫기

CSV 파일 불러와 테이블 만들기

이제 내려받은 CSV 파일을 이용해서 테이블을 만들어 보겠습니다.

01. 상단 메뉴에서 [파일] – [가져오기] – [CSV 파일에서 테이블 가져오기]를 선택합니다.

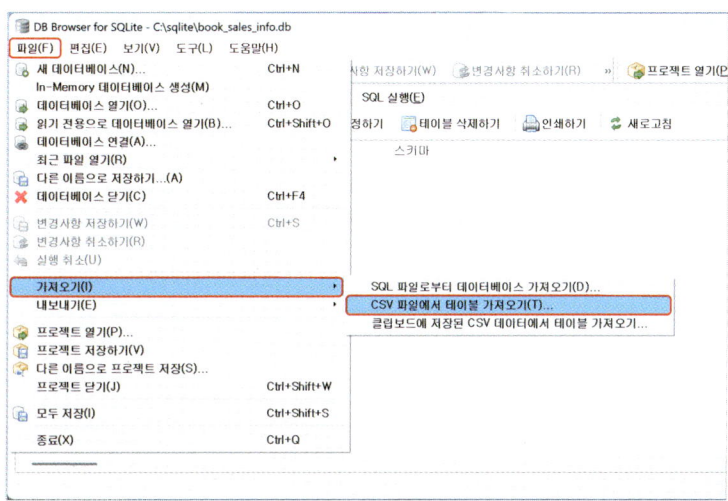

그림 3.6 CSV 파일에서 테이블 가져오기

02. 파일 선택 창에서 도서 일별 판매 수량 파일인 'book_sales.csv'를 선택하고 [열기] 버튼을 클릭합니다.

그림 3.7 도서 일별 판매 수량 파일 열기

03. 이제 CSV 파일의 내용을 데이터베이스 테이블로 변환해야 합니다. 테이블 이름은 CSV 파일 이름을 그대로 유지하고, 첫 행에 필드명 포함에 체크합니다. 다음으로 [고급] 버튼을 클릭하고 [데이터 타입 인식 끄기] 항목을 체크한 뒤 [확인] 버튼을 누르면 테이블이 만들어집니다.

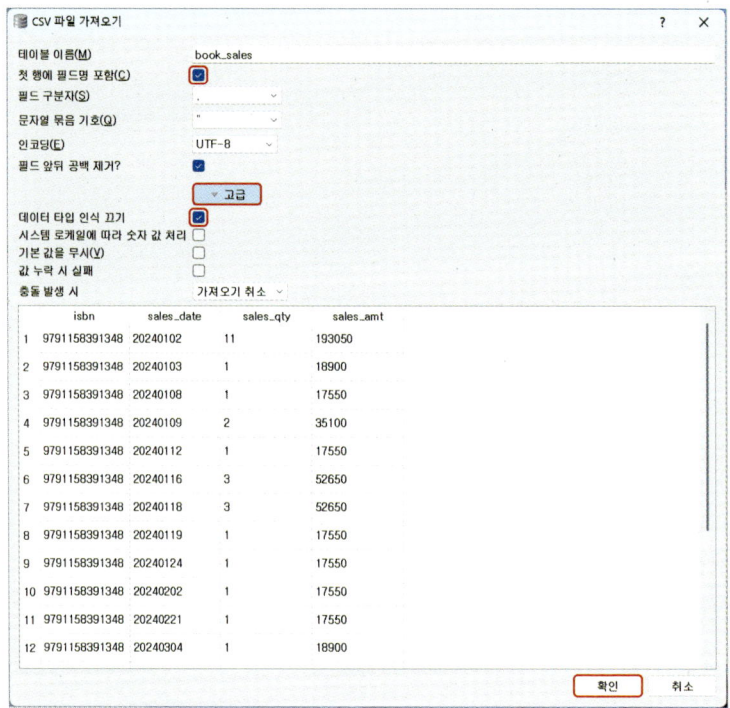

그림 3.8 CSV 파일 가져오기

TIP _ 데이터 타입 자동 설정을 끄는 이유

파일 업로드한 후에 나오는 화면에서 [고급] – [데이터 타입 인식 끄기] 항목을 선택하지 않으면 자동으로 칼럼의 타입을 설정합니다. 자동으로 설정해도 다른 칼럼은 큰 문제가 없지만, ISBN의 경우 수치형 칼럼인 REAL로 설정됩니다.

이 경우 데이터가 실수(REAL) 값인 '9791158391331.0'과 같이 저장되어 검색과 조회가 제대로 작동하지 않을 수 있습니다.

04. 다시 [데이터베이스 구조] 메뉴를 클릭해서 테이블 구조를 살펴보면 다음 그림처럼 테이블(book_sales)이 생성된 것을 확인할 수 있습니다.

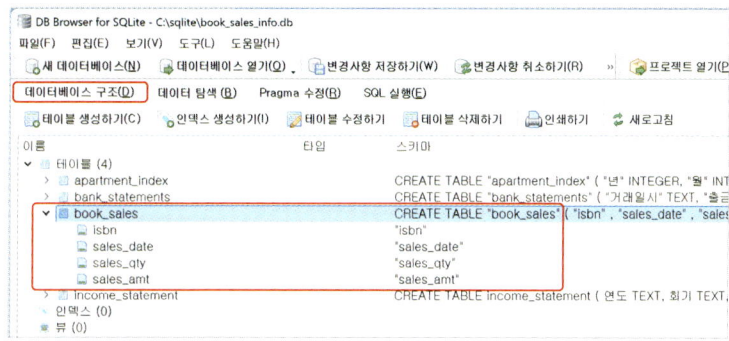

그림 3.9 생성된 book_sales 테이블

필드 속성(데이터 타입) 설정

테이블이 생성됐다면 다음으로 테이블에 속한 각 칼럼의 속성(타입)을 설정합니다.

01. [변경사항 저장하기] 메뉴를 클릭하고, book_sales 테이블을 마우스 오른쪽 버튼으로 클릭한 다음 [테이블 수정하기]를 선택합니다.

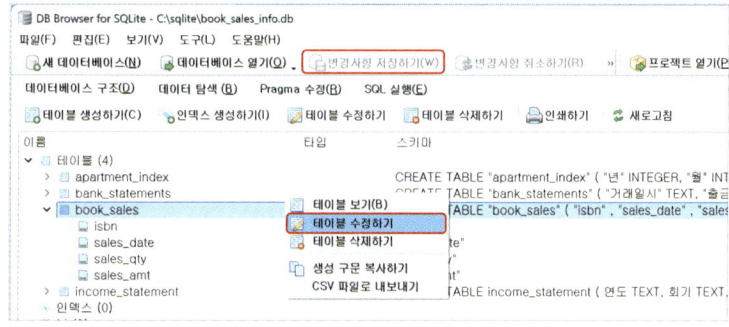

그림 3.10 테이블 수정하기

02. 테이블 칼럼의 타입을 설정하는 화면이 나오면 각 칼럼의 데이터 타입을 다음과 같이 설정하고 [확인] 버튼을 클릭합니다.

- ISBN(isbn): TEXT
- 판매일자(sales_date): TEXT
- 판매수량(sales_qty): INTEGER
- 판매금액(sales_amt): INTEGER

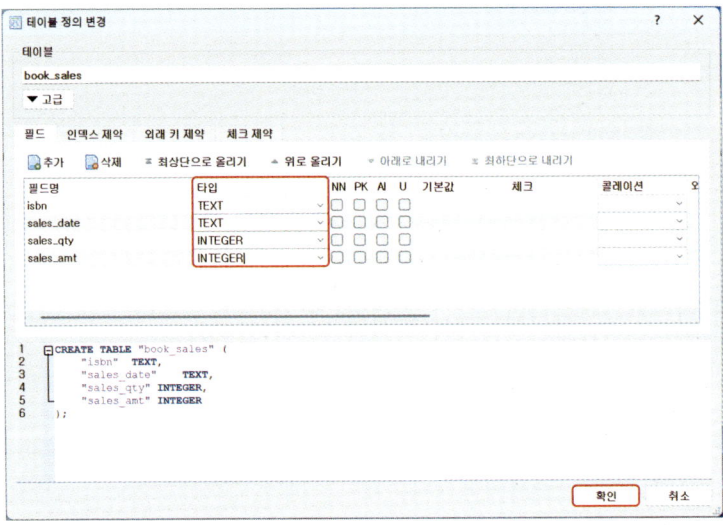

그림 3.11 필드 속성 설정하기

입력 데이터 확인

이제 데이터 입력을 위한 모든 작업이 마무리됐습니다. [데이터 탐색] 메뉴를 클릭하면 ISBN 값을 포함한 CSV 파일의 모든 데이터가 정상적으로 입력된 것을 확인할 수 있습니다.

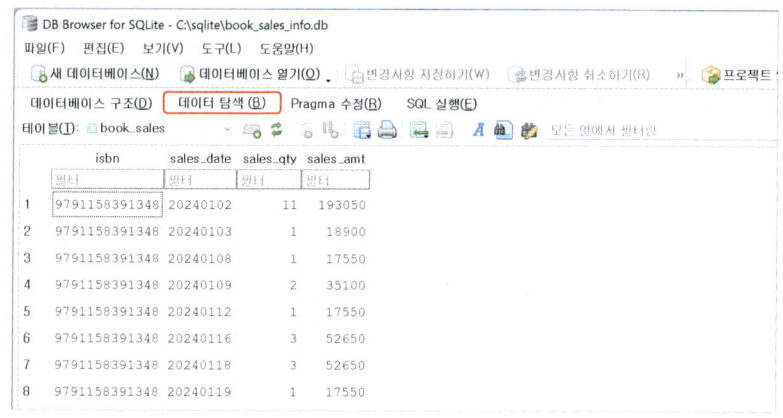

그림 3.12 입력 데이터 확인

두 번째 테이블 추가하기 (book_master)

앞서 진행한 과정을 동일하게 반복해 도서 기본 정보가 저장된 book_master.csv 파일도 불러옵니다. book_master 테이블의 칼럼 타입은 다음과 같이 설정합니다.

- ISBN(isbn): TEXT
- 도서 제목(title): TEXT
- 저자(author): TEXT
- 페이지(pages): INTEGER
- 가격(price): INTEGER
- 출간일(pubdate): TEXT
- 시리즈(series): TEXT
- URL(url): TEXT

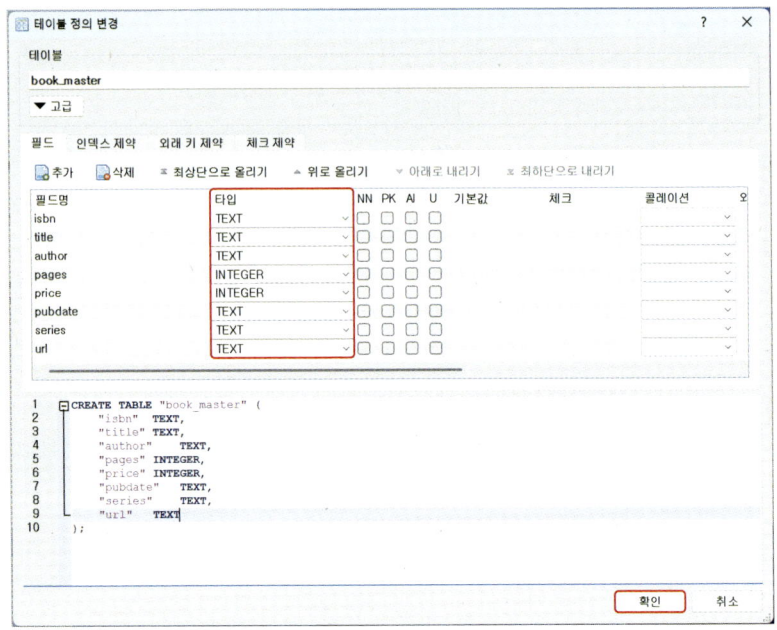

그림 3.13 book_master 테이블의 칼럼 타입

TIP _ 미리 만들어진 DB 사용하기

직접 테이블을 만들기 어려운 경우, 이 책의 예제 페이지에서 book_sales_info.db 파일을 내려받아 실행하면 데이터가 저장된 상태로 바로 실습을 시작할 수 있습니다.

SQL로 데이터 조회 테스트

모든 데이터 입력이 마무리됐다면, 이제 입력한 데이터를 조회해 보겠습니다.

01. [SQL 실행] 메뉴를 클릭하고 다음의 SQL 문장을 입력한 뒤 [실행] 버튼을 클릭하거나 Ctrl + Enter(macOS는 command + Enter) 키를 입력하면 실행 결과를 볼 수 있습니다.

```
SELECT * FROM book_sales;
```

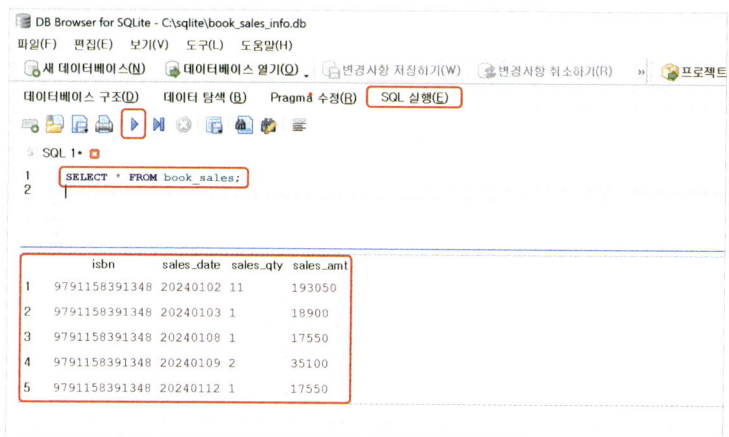

그림 3.14 SQL로 데이터 조회

이제 book_sales와 book_master 테이블로 구성된 도서 판매 정보 데이터베이스가 완성됐습니다. SQL에 익숙한 독자라면 다양하게 데이터를 조회해 보기 바랍니다. 하지만 SQL을 모르더라도 걱정하지 않아도 됩니다. 다음 절에서 Claude의 강력한 자연어 조회 기능을 이용하여 데이터를 얼마나 쉽고 다양하게 조회할 수 있는지 본격적으로 살펴볼 것입니다.

3.2.2 자연어로 데이터 조회하기

데이터베이스에 필요한 데이터를 모두 입력했다면 SQL을 직접 작성하지 않고도 자연어만으로 판매 데이터를 조회할 수 있습니다. Claude Desktop을 활용하면 간단한 문장만으로도 필요한 정보를 쉽게 추출할 수 있습니다.

Claude에 첫 질문 던지기

Claude Desktop을 실행한 후, 다음과 같이 프롬프트를 입력해 보겠습니다.

> book_sales 테이블에서 ISBN 값이 '9791158394202'인 도서의 연월별 판매수량을 구해주세요. 판매수량은 sales_qty 칼럼에 값이 저장돼 있습니다.

이 프롬프트는 어느 테이블(book_sales 테이블)에서 데이터를 가져올지, 어떤 조건을 기준으로 필터링(ISBN 값이 '9791158394202'인 도서)할지, 어떤 칼럼의 값(판매수량은 sales_qty 칼럼)을 확인할지, 그리고 어떤 방식으로 그룹화(연월별)할지를 자연스럽게 포함하고 있습니다. 처음에는 이러한 프롬프트를 직접 작성하는 것이 낯설 수 있지만, 몇 번만 실습해보면 금방 익숙해질 것입니다. 중요한 것은 '어떤 데이터를 보고 싶은지'를 명확히 설명하는 것입니다.

Claude의 응답 방식 살펴보기

Claude에 자연어 프롬프트를 입력하면 가장 먼저 연결된 데이터베이스의 테이블 구조를 확인합니다. 어떤 테이블이 존재하고 테이블마다 어떤 칼럼이 있는지를 파악한 뒤 그에 맞는 SQL을 자동으로 구성합니다.

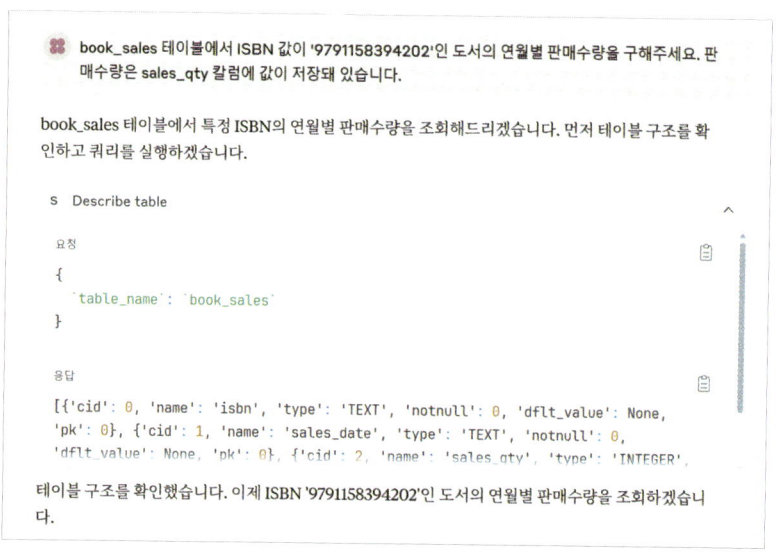

그림 3.15 Claude가 book_sales 테이블 구조를 확인

테이블 구조를 확인한 Claude는 사용자 요청을 분석해 적절한 SQL 문장을 생성합니다. 이 SQL은 보통 SELECT, WHERE, GROUP BY와 같은 구문으로 구성되며, SQL 문법에 익숙하지 않더라도 Claude의 설명을 함께 보면 구조를 쉽게 이해할 수 있습니다.

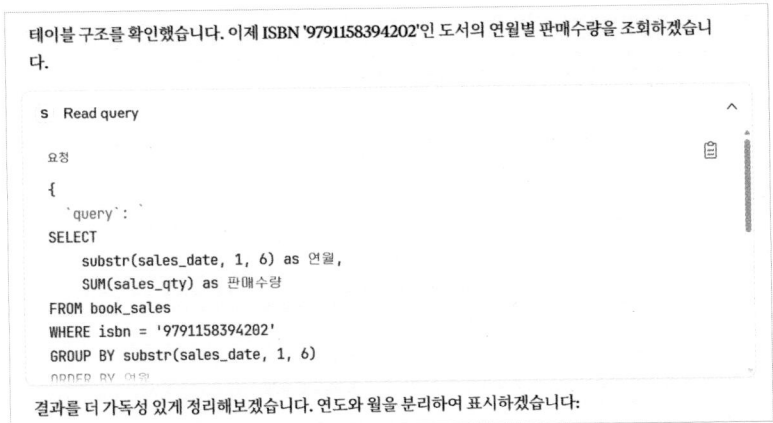

그림 3.16 Claude가 자동으로 생성한 SQL 문장

작성된 SQL이 실행되면 Claude는 그 결과를 표 형태로 출력합니다. 집계된 결과는 연도와 월 기준으로 정리되어 있으며, 판매 수량이나 금액과 같은 수치가 정확히 계산된 것을 확인할 수 있습니다.

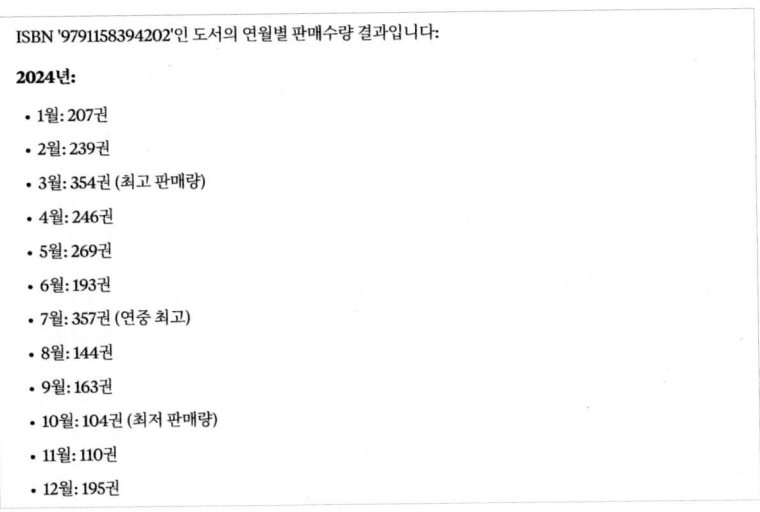

그림 3.17 정확히 계산된 판매 수량과 금액

이제 필요한 데이터를 정확히 설명할 수 있다면 어떤 정보든 조회할 수 있습니다. ISBN, 날짜, 도서명, 수량처럼 구체적인 기준을 Claude에 자연어로 전달하면, 복잡한 SQL 문법을 몰라도 원하는 결과를 바로 확인할 수 있습니다. 자주 반복되는 분석이나 단순 집계부터 시작해, 점점 더 복잡한 조건을 포함한 요청까지도 자연스럽게 확장해 나갈 수 있습니다.

Claude는 사용자의 질문을 이해하고, 적절한 데이터 구조를 탐색해 정확한 결과를 보여줍니다. 데이터에 대해 설명하는 능력만 갖추고 있다면 누구나 Claude를 통해 데이터베이스를 자유롭게 탐색하고 실무에 바로 쓸 수 있는 수준의 정보를 손쉽게 얻을 수 있습니다.

SQL을 복사해 DB Browser에서 직접 실행해보기

Claude Desktop에서 조회가 마무리되면 Claude가 생성한 SQL 문장을 그대로 복사해 DB Browser for SQLite에서 실행해보는 것도 좋은 방법입니다. Claude가 보여주는 표는 간단하고 직관적이지만, 데이터 양이 많을 경우 일부만 출력되거나 열 정렬이 흐트러지는 경우가 있기 때문입니다.

이럴 때는 Claude가 생성한 SQL 문장을 그대로 복사해 DB Browser의 [SQL 실행] 탭에 붙여넣고 실행하면 전체 결과를 보다 안정적으로 확인할 수 있습니다. 복사한 결과는 엑셀로 옮겨 추가 분석이나 시각화를 이어가는 데에도 유용하게 사용할 수 있습니다.

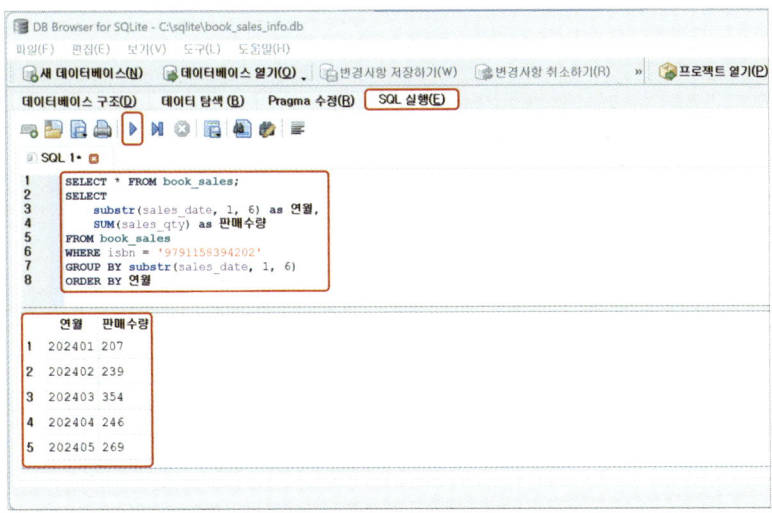

그림 3.18 SQL을 복사해 DB Browser에서 직접 실행해보기

Claude에 그래프 그리기 요청하기

Claude는 단순히 표 형태로 데이터를 보여주는 데 그치지 않고, 시각화 기능도 제공합니다. 앞에서 조회했던 연월별 판매 수량 데이터를 바탕으로, Claude에 다음과 같이 요청해보겠습니다.

> 연월별 판매 수량을 막대 그래프로 그려주세요.

Claude는 이전에 조회한 데이터를 기준으로 막대 그래프를 자동 생성하고, 이를 HTML이나 SVG 형식으로 출력해줍니다. 그래프는 시각적으로 깔끔하게 정리되어 있으며, 이를 복사해 보고서에 붙이거나 웹에 삽입할 수도 있습니다. 단순한 요청만으로도 깔끔한 시각화 결과를 얻을 수 있다는 점은 Claude MCP의 큰 장점입니다.

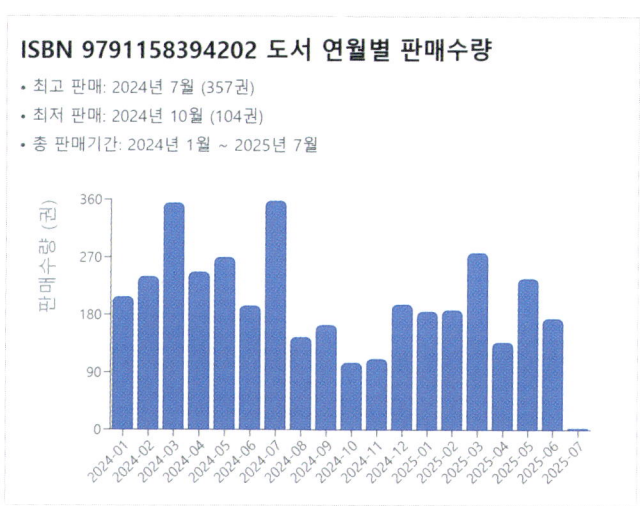

그림 3.19 Claude에 요청한 그래프

지금까지 살펴본 것처럼, Claude Desktop에서는 SQL을 몰라도 자연어만으로 데이터를 쉽게 조회하고, 그래프로 시각화할 수 있습니다. 특정 도서의 판매 흐름을 파악하거나 월별 판매량을 비교하는 작업도 간단한 문장 하나로 해결할 수 있습니다.

다만 자연어 방식은 결과 형식이 매번 달라질 수 있어 정기적인 보고와 같이 일정한 양식이 필요할 때는 다소 불편한 점이 있습니다. 같은 질문에 대해서도 응답 방식이 달라질 수 있기 때문입니다. 이어지는 절에서는 이러한 한계를 극복하고, 항상 같은 양식의 보고서를 만들어 주는 챗봇 제작 방법을 알아보겠습니다.

3.3 전체 도서 월별판매내역 챗봇 만들기

Claude 프로젝트는 나만의 전용 AI 비서를 만들 수 있는 기능입니다. 일반적인 Claude 대화와는 달리, 특정 업무에 맞춘 챗봇을 직접 만들 수 있어 반복되는 작업을 자동화하거나 정해진 형식의 보고서를 편리하게 생성할 수 있습니다. 마치 '마케팅 분석 도우미', '판매 리포트 자동화 도구'처럼 역할을 정해두고 활용하는 것입니다.

일반 Claude에서는 같은 질문을 해도 매번 응답 형식이 달라질 수 있지만, Claude 프로젝트로 만든 챗봇은 한 번 설정해두면 항상 같은 방식으로 응답합니다. 따라서 정기적인 리포트 작성이나 반복 조회 업무에 특히 유용합니다. 다만, Claude 프로젝트 기능은 유료 사용자에게만 제공됩니다.

이번 절에서는 Claude 프로젝트 기능을 활용해 전체 도서의 월별 판매 내역을 조회하는 챗봇을 만들어보겠습니다. 자연어로 간단한 요청만 입력하면 판매 데이터를 표나 그래프 형태로 정리해주는 실무형 챗봇을 직접 구성해볼 예정입니다.

3.3.1 도서(전체) 월별판매내역 챗봇 구성하기

챗봇 작성에서 가장 중요한 점은 챗봇이 어떻게 동작할지 정의하는 것입니다. Claude 프로젝트에서는 '지침'이라는 기능을 통해서 프로젝트가 어떻게 동작하는지 지정할 수 있습니다. 프로젝트를 만드는 방법부터 시작해서 어떤 원칙으로 '지침'을 지정하는지에 대해서 자세히 살펴보겠습니다.

Claude 프로젝트 시작하기

01. Claude 프로젝트 기능은 Claude Desktop 또는 웹에서 사용할 수 있습니다. 먼저 Claude Desktop을 실행하거나 https://claude.ai 사이트에 접속합니다. 화면 왼쪽 메뉴에서 [프로젝트]를 클릭하고, 상단에 표시되는 [+ 새 프로젝트] 버튼을 클릭합니다.

그림 3.20 Claude에서 새 프로젝트 생성

02. 개인 프로젝트 생성 창에서 프로젝트 이름과 간단한 설명을 입력한 뒤, [프로젝트 만들기] 버튼을 클릭합니다.

그림 3.21 프로젝트 이름 및 설명 입력

03. 프로젝트 메인 화면에서 지침 오른쪽에 있는 [+] 버튼을 클릭합니다.

그림 3.22 [프로젝트 지침 설정] 버튼 클릭

04. 지침 입력란에 다음 지침을 그대로 입력하고, [지침 저장] 버튼을 클릭합니다.

> 당신은 도서의 판매 정보를 수집해서 그래프로 그려주는 챗봇입니다.
> 다음 <SQL>을 실행해서 나온 데이터를 이용해서 대시보드 형태의 판매
> 보고서를 작성해주세요.
>
> ```
> SELECT
>     SUBSTR(sales_date, 1, 4) AS year,
>     SUBSTR(sales_date, 5, 2) AS month,
>     SUM(sales_qty) AS total_sales_qty
> FROM book_sales
> GROUP BY SUBSTR(sales_date, 1, 4), SUBSTR(sales_date, 5, 2)
> ORDER BY year, month;
> ```

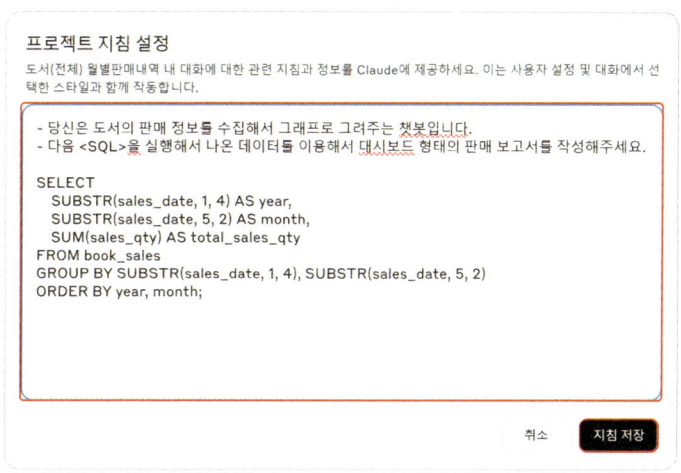

그림 3.23 프로젝트 지침 설정

이 지침을 기반으로 챗봇은 매번 같은 SQL을 실행하고 동일한 형식의 결과를 보여주게 됩니다.

지침에 입력할 SQL 작성하기

이제 전체 도서의 월별 판매 내역을 조회하는 챗봇 설정은 모두 마무리됐습니다. 이 챗봇이 정확한 결과를 보여주는 데 가장 핵심이 되는 부분은 바로 프로젝트 지침에 입력한 SQL 문장입니다. SQL 작성에 자신이 있다면 직접 SQL을 작성하면 되지만, SQL을 모르는 사람도 Claude와의 대화를 통해서 쉽게 필요한 SQL을 만들 수 있습니다.

Claude Desktop을 실행하고 다음과 같이 원하는 SQL을 얻기 위한 프롬프트를 입력합니다.[3]

---

[3] https://claude.ai/ 웹 화면에서는 SQLite MCP를 실행할 수 없으므로 SQL을 얻기 위해서는 반드시 Claude Desktop 환경에서 프롬프트를 입력해야 합니다.

- book_sales 테이블에서 연도별 월별 판매 수량 합계를 구하려고 합니다.
- 적절한 SQL 문을 만들어주세요. sales_qty 칼럼으로 판매 수량을 구해주세요.

Claude는 테이블 구조를 먼저 확인하고, 결과로 다음과 같은 SQL 문을 작성해 주는 것은 물론, SQL의 의미에 대해서도 적절히 설명해줍니다.

```sql
SELECT
    SUBSTR(sales_date, 1, 4) AS year,
    SUBSTR(sales_date, 5, 2) AS month,
    SUM(sales_qty) AS total_sales_qty
FROM book_sales
GROUP BY SUBSTR(sales_date, 1, 4), SUBSTR(sales_date, 5, 2)
ORDER BY year, month;
```

SQL문 설명:

SUBSTR(sales_date, 1, 4): sales_date에서 연도(YYYY) 추출
SUBSTR(sales_date, 5, 2): sales_date에서 월(MM) 추출
SUM(sales_qty): 각 연도/월별 판매 수량 합계 계산
GROUP BY: 연도와 월별로 그룹핑
ORDER BY: 연도, 월 순으로 정렬

대부분 정확한 SQL을 생성해주지만, 가끔 칼럼명이 다르거나 쿼리 구문이 잘못되는 경우가 있을 수 있으므로 주의해야 합니다. 프로젝트 지침에서 해당 SQL을 사용하기 위해서는 반드시 SQL의 정확성을 검증해야 합니다.

SQL이 정확한지 확인하는 방법은 두 가지입니다. 하나는 생성된 SQL을 복사해서 DB Browser for SQLite에서 실행해보는 것이고, 다른 하나는 Claude에 "이 SQL을 실행해서 결과를 보여줘"라고 요청해 직접 확인하는 것입니다. 간단한 쿼리는 Claude 내부에서 확인해도 무방하지만, 데이터 양이 많을 경우 DB Browser를 활용하는 것이 더 안정적입니다.

챗봇 테스트해보기

챗봇 설정이 완료됐다면 이제 제대로 작동하는지 간단하게 테스트해볼 수 있습니다. 이 챗봇은 특정 값(ISBN 등)을 입력해야만 동작하는 구조는 아니기 때문에 자유롭게 문장을 입력해도 됩니다. 예를 들어 "판매내역 보고서를 작성해주세요"처럼 자연스러운 문장을 입력해도 되고, 아주 간단하게 "실행"이라고만 입력해도 챗봇이 미리 설정된 SQL을 실행해 결과를 보여줍니다.

> 판매내역 보고서를 작성해주세요.

프롬프트가 입력되면 Claude는 프로젝트 지침에 따라 월별 판매 데이터를 조회하고, 표와 그래프가 함께 포함된 대시보드 형태의 보고서를 자동으로 생성합니다. 보고서에는 월별 총 판매 수량(추이)뿐만 아니라 연도별, 계절별 그래프와 인사이트를 제공하는 것을 확인할 수 있습니다.[4]

---

[4] https://bit.ly/4namxbQ에서 결과를 확인할 수 있습니다.

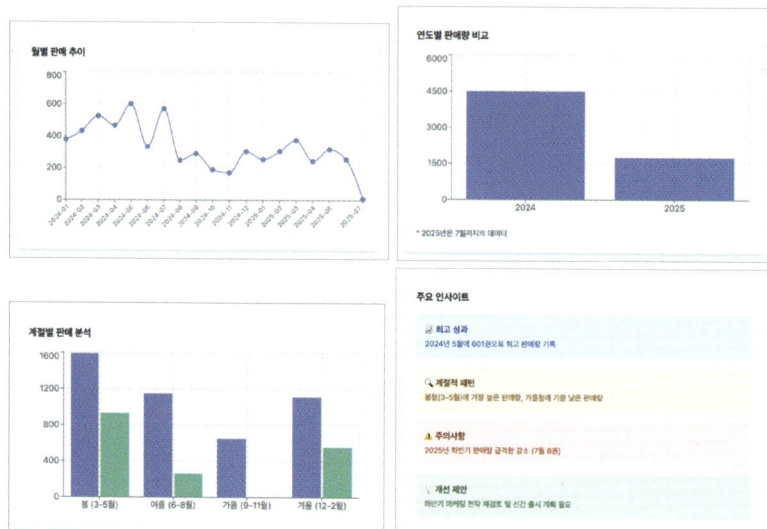

그림 3.24 챗봇을 활용해 생성한 판매 보고서

3.3.2 전체 도서 월별판매내역 챗봇 업그레이드하기

지금 만든 챗봇을 실행하면 연월별 판매 데이터를 기반으로 한 대시보드가 생성됩니다. 하지만 생성된 대시보드의 항목이 너무 많고 시각적인 요소가 복잡해 정보를 한눈에 파악하기 어렵게 느껴질 수 있습니다. 이럴 때는 Claude에 자연어로 요청을 입력해 불필요한 항목은 제거하고 필요한 내용만 남기는 방식으로 대시보드를 수정할 수 있습니다.

```
- 제목은 "위키북스 월별 판매내역 분석"으로 수정해주세요.
- 총판매량, 평균 월판매량, 최고 월 판매량, YoY 성장률 부분은 삭제해주세요.
- 계절별 판매 분포 데이터는 삭제해주세요.
- 주요 인사이트 대신 연월별 판매 내역을 테이블 형태로 보여주세요.
```

이 요청을 입력하면 Claude는 기존 보고서 구성에서 불필요한 항목을 제거하고, 보다 단순하고 명확한 형식으로 대시보드를 수정해줍니다.[5]

TSX 파일로 대시보드 저장하기

수정된 보고서가 만족스럽다면 이 구성을 TSX 파일로 저장합니다. TSX는 Claude가 보고서의 디자인과 구조를 기억하는 형식으로, 저장해두면 같은 구조의 보고서를 반복해서 생성할 수 있습니다.

보고서 화면 상단에서 [복사] 버튼을 클릭한 뒤, [TSX(으)로 다운로드] 메뉴를 선택합니다. 다운로드한 TSX 파일은 이후 프로젝트에 등록만 하면 바로 사용할 수 있습니다.

그림 3.25 TSX 파일로 대시보드 저장하기

---

5 https://bit.ly/3VTeN1O에서 결과를 확인할 수 있습니다.

TSX 파일을 프로젝트에 연결하기

TSX 파일을 저장했으면 이제 이 파일을 Claude 프로젝트에 연결해야 합니다.

01. Claude Desktop에서 [프로젝트] 메뉴를 클릭하고, 방금 설정한 챗봇 프로젝트 이름을 입력해 검색합니다. 원하는 프로젝트 항목을 클릭하면 상세 화면으로 이동합니다.

그림 3.26 프로젝트 상세 화면으로 이동

02. 프로젝트 설정화면 오른쪽 상단에 있는 [+] 버튼을 클릭하고 [기기에서 업로드]를 선택한 뒤 방금 저장한 TSX 파일을 업로드합니다.

그림 3.27 TSX 파일 업로드

03. 파일이 업로드되면 Claude는 이 TSX를 '프로젝트 지식'으로 인식합니다. 하지만 이 단계만 수행한다고 해서 챗봇이 자동으로 해당 구성대로 보고서를 생성하지는 않습니다. 프로젝트 지침에도 이 TSX를 사용하라고 명시해줘야 합니다.

그림 3.28 업로드한 TSX 파일

프로젝트 지침 수정하기

Claude 프로젝트 화면에서 [편집] 버튼을 클릭해 프로젝트 지침 설정 화면으로 들어갑니다. 기존 지침 아래에 다음 문장을 추가하고, [지침 저장] 버튼을 클릭하면 챗봇이 항상 이 TSX 구조에 맞춰 보고서를 생성하게 됩니다.

- book-sales-dashboard.tsx 와 같은 구성의 보고서를 만들어주세요.

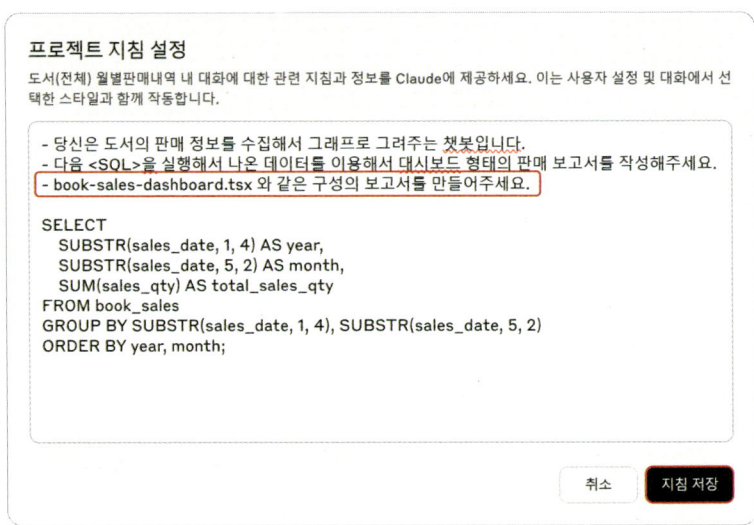

그림 3.29 지침에 TSX 적용 문장 추가

이제 사용자는 챗봇에 "판매내역 보고서를 작성해주세요"라고 입력하기만 하면, 언제든 같은 구조의 보고서를 자동으로 받을 수 있습니다. 정기적으로 반복되는 보고서 작성, 데이터 시각화 작업, 요약 분석 등에서 이 기능은 매우 큰 도움이 됩니다.

챗봇을 처음 설정할 때는 다소 복잡하게 느껴질 수 있지만, 한 번만 구조를 만들어두면 이후부터는 Claude가 알아서 필요한 데이터를 가져오고, 원하는 형식의 보고서를 자동으로 완성해 줍니다. Claude와 협업해 SQL을 만들고, 보고서 구조를 다듬고, 그것을 재사용 가능한 형태로 저장하는 이 흐름은 실무에서 반복되는 작업을 자동화하는 데 매우 효과적인 방식 중 하나입니다.

직접 해보면서 익혀두면 이후 챗봇 제작이나 업무 자동화에도 큰 도움이 될 것입니다. 다음 절에서는 이번 절에서 다룬 내용을 기반으로, 특정 도서의 월별 판매내역을 조회하는 조건 기반 챗봇을 구성해보겠습니다.

3.4 개별 도서 월별판매내역 챗봇 만들기

이전 절에서는 전체 도서의 월별 판매량을 한눈에 파악할 수 있는 챗봇을 만들었습니다. 이번 절에서는 한 걸음 더 나아가, 사용자가 특정 도서의 ISBN을 입력하면 해당 도서의 판매 내역만을 조회해 보여주는 챗봇을 만들어보겠습니다.

이 챗봇은 단일 테이블이 아닌 두 개의 테이블(book_sales와 book_master)을 연결해 조회하는 방식으로 작동합니다. 즉, 판매량이 저장된 테이블과 도서 정보가 저장된 테이블을 ISBN이라는 공통된 값을 기준으로 JOIN(조인)하여 필요한 정보를 조합하는 구조입니다.

테이블 연결하기
공통 칼럼(isbn)을 이용해서 테이블 연결(join)하기

BOOK_MASTER					BOOK_SALES			
isbn	title	author	...		isbn	sales_date	sales_qty	sales_amt
9791158393274	생활코딩! HTML+CSS+자바스크립트 (개정판)	이고잉			9791158393274	20240514	2	39200
					9791158393274	20240520	3	56000

그림 3.30 두 개의 테이블을 연결해 조회

처음에는 SQL 문장이 다소 복잡해 보일 수 있지만, 전체적인 흐름은 앞에서 만들었던 챗봇과 크게 다르지 않습니다. 이번 절에서는 이전에 익힌 내용을 복습하면서 여러 테이블을 조합하는 방식으로 보다 정교한 데이터 조회 시스템을 구성해 보겠습니다. 실습을 통해 SQL의 JOIN 문법을 자연스럽게 익히고, 특정 조건에 따라 필요한 정보를 정확하게 추출하는 능력을 키울 수 있을 것입니다.

3.4.1 개별 도서 월별판매내역 챗봇 구성하기

새 프로젝트 만들기

앞서 만든 챗봇은 전체 도서의 판매 흐름을 보여주는 데 초점이 맞춰져 있었기 때문에 특정 도서에 대한 세부 정보를 조회하려면 별도의 챗봇 구성이 필요합니다. 이번에는 ISBN을 입력받아 개별 도서의 판매 데이터를 보여주는 챗봇을 따로 만들어보겠습니다.

01. Claude 프로젝트 챗봇을 만들기 위해 Claude Desktop을 실행하거나 claude.ai 웹사이트에 접속합니다. 왼쪽 사이드 메뉴에서 [프로젝트]를 클릭하면 이전에 만들었던 프로젝트 목록이 보이고, 화면 상단 또는 중앙에 [+ 새 프로젝트] 버튼이 나타납니다. 이 버튼을 클릭해 새 프로젝트 생성을 시작합니다.

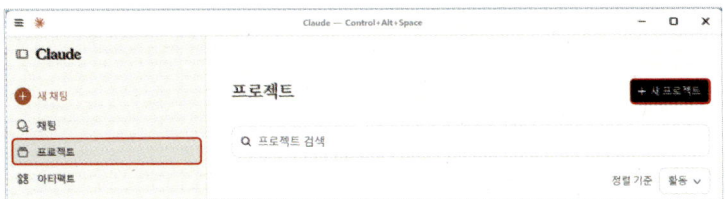

그림 3.31 Claude 프로젝트 홈 화면에서 새 프로젝트 만들기

02. 이어서 나타나는 개인 프로젝트 생성 창에서 프로젝트의 이름을 입력하고, 어떤 작업을 수행할 챗봇인지 간단한 설명을 덧붙입니다. 입력이 끝났다면 [프로젝트 만들기] 버튼을 클릭해 새로운 프로젝트를 생성합니다.

그림 3.32 새 프로젝트 이름과 설명 입력

03. 프로젝트가 만들어지면 프로젝트 메인 화면에서 [프로젝트 지침 설정] 버튼을 클릭합니다.

그림 3.33 [프로젝트 지침 설정] 버튼 클릭

04. 지침 입력창에 다음과 같은 지침을 입력한 후, [지침 저장] 버튼을 클릭합니다.

- 당신은 도서의 판매 정보를 수집해서 그래프로 그려주는 챗봇입니다.
- 사용자가 입력한 'ISBN' 칼럼 값을 이용해서 다음 <SQL>을 실행해주세요

<SQL>

```sql
SELECT
    bs.isbn,
    bm.title,
    substr(bs.sales_date, 1, 4) AS year,
    substr(bs.sales_date, 5, 2) AS month,
    SUM(bs.sales_qty) AS total_sales_qty
FROM book_sales bs
INNER JOIN book_master bm ON bs.isbn = bm.isbn
WHERE bs.isbn = 'ISBN'
GROUP BY bs.isbn, bm.title, substr(bs.sales_date, 1, 4),
substr(bs.sales_date, 5, 2)
ORDER BY year, month;
```

Claude에 SQL 요청하기

Claude 프로젝트에서 가장 핵심적인 요소는 챗봇이 실행할 SQL 문장을 어떻게 구성하느냐입니다. Claude는 지침에 따라 데이터를 조회하거나 가공하기 때문에 이 지침에 포함된 SQL 문장은 곧 챗봇의 행동 방식을 결정하는 명령어라고 볼 수 있습니다. 단순히 '자동 생성된 SQL'에 의존해서는 원하는 결과를 얻기 어렵고, 어떤 데이터를 어떻게 조회하고 싶은지를 구체적으로 명시해야만 제대로 작동합니다.

SQL을 작성할 때는 Claude를 단순한 도구가 아닌, 함께 일하는 동료라고 생각하면 좋습니다. 동료에게 일을 맡길 때처럼 원하는 결과를 얻기 위해서는 논리적인 순서로, 필요한 작업을 하나하나 설명하는 방식이 효과적입니다. 특히 이번 실습에서는 두 개의 테이블(book_sales와 book_master)을 연결해야 하므로 각 테이블이 어떤 정보를 담고 있는지, 어떤 기준으로 연결할 것인지, 어떤 형태로 결과를 출력할 것인지 단계적으로 설명하는 것이 중요합니다.

이 챗봇의 목적은 사용자가 ISBN을 입력했을 때 해당 도서의 월별 판매 내역과 도서명을 함께 보여주는 것입니다. 이를 위해 Claude에는 어떤 테이블에서, 어떤 칼럼을 조회하고, 두 테이블을 어떻게 연결한 뒤, 어떤 순서로 결과를 출력할지를 차근차근 설명해줘야 합니다.

(1) **어디서?** 먼저, book_sales 테이블에서 **무엇을?** 특정 ISBN에 해당하는 책의 연도별, 월별 판매수량을 찾아줘. 판매수량은 sales_qty라는 칼럼에 들어있어.

(2) **어디서?** 다음으로, book_master 테이블에서 **무엇을?** 같은 ISBN의 도서명을 찾아줘. 도서명은 title이라는 칼럼에 들어있어.

(3) **어떻게 합쳐서?** 위에서 찾은 두 정보를 ISBN 칼럼을 기준으로 연결해서 합쳐줘. 판매 정보와 도서 정보를 ISBN으로 연결해야 어떤 책의 판매량인지 알 수 있기 때문이야.

(4) **어떻게 보여줄까?** 마지막으로, 찾은 정보들을 ISBN, 도서명, 연도, 월, 판매수량 순서로 정리해서 보여줘.

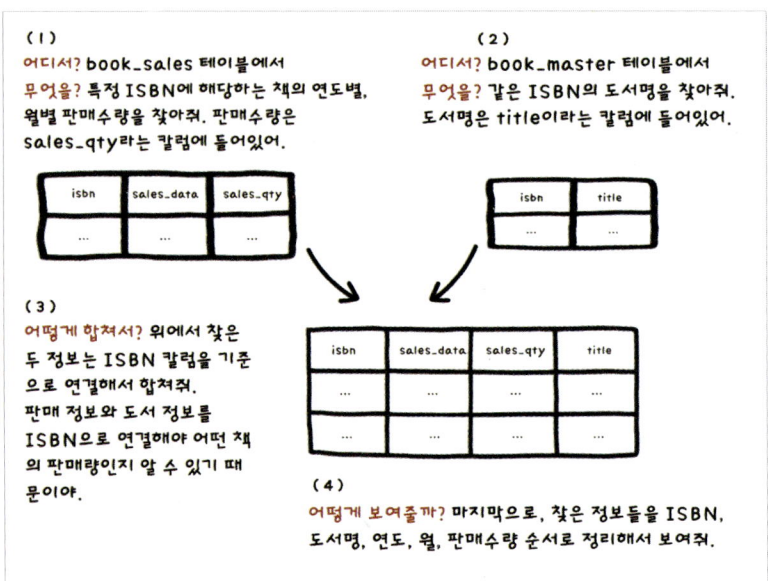

그림 3.34 SQL 요청 프롬프트 4단계

이러한 4단계의 과정을 다음과 같은 프롬프트로 정리했습니다.

> 다음 조건을 만족하는 SQL 문을 작성해주세요
>
> - 입력받은 ISBN 칼럼 값으로 book_sales 테이블에서 연도별, 월별 판매수량을 구합니다. 판매수량은 'sales_qty' 칼럼에 저장돼 있습니다. → (1)
> - 입력받은 ISBN 칼럼 값으로 book_master 테이블에서 도서명을 구합니다. 도서명은 'title' 칼럼에 저장돼 있습니다. → (2)
> - book_sales 테이블과 book_master 테이블은 isbn 값으로 조인합니다. → (3)
> - 출력순서는 ISBN, title, 연도, 월, 판매수량입니다. → (4)

SQL 문장 구조 살펴보기

앞서 Claude에 요청한 프롬프트로 생성된 SQL 문장은 한눈에 보기에는 조금 복잡하게 느껴질 수 있습니다. 하지만 구조를 하나씩 살펴보면 우리가 어떤 정보를 어떻게 조회하고자 하는지를 명확히 알 수 있습니다.

먼저 SELECT 절에서는 우리가 최종적으로 화면에 출력하고 싶은 정보들을 지정합니다. bs.isbn은 판매 테이블(book_sales)에서 도서의 ISBN을 가져오고, bm.title은 도서 정보 테이블(book_master)에서 해당 ISBN에 해당하는 도서명을 가져오는 부분입니다. substr(bs.sales_date, 1, 4)는 판매일자에서 연도만 추출하고, substr(bs.sales_date, 5, 2)는 월 정보를 추출합니다. 마지막으로 SUM(bs.sales_qty)는 같은 연월에 발생한 판매수량을 모두 더해주는 역할을 합니다.

```
SELECT
  bs.isbn,       ← book_sales 테이블의 ISBN
  bm.title,      ← book_master 테이블의 도서명
  substr(bs.sales_date, 1, 4) AS year,
                 ↑ sales_date에서 1번째 위치부터 4글자를 추출 (연도)
  substr(bs.sales_date, 5, 2) AS month,
                 ↑ sales_date에서 5번째 위치부터 2글자를 추출 (월)
  SUM(bs.sales_qty) AS total_sales_qry
                 ↑ 같은 연도/월의 판매수량을 모두 합계
```

FROM 절에서는 어떤 테이블의 데이터를 사용할지 지정합니다. 여기서는 book_sales 테이블을 bs, book_master 테이블을 bm이라는 짧은 별칭으로 부여하고, INNER JOIN을 통해 두 테이블을 ISBN이라는 공통된 값을 기준으로 연결합니다.

```
FROM
  book_sales bs    ←book_sales 테이블에 'bs'라는 별칭 부여
  INNER JOIN book_master bm    ←book_master 테이블에 'bm'이라는 별칭 부여
  ON bs.isbn = bm.isbn
         ↑ 두 테이블을 ISBN으로 연결(양쪽 테이블에 모두 존재하는 ISBN만
           결과에 포함)
```

WHERE 절은 조건을 설정하는 부분으로, 사용자가 입력한 ISBN 값과 일치하는 데이터만 조회되도록 제한합니다. 이 챗봇은 사용자가 ISBN을 입력하면 그 도서의 판매 내역만 보여줘야 하므로 이 조건이 필수입니다. 즉, 다음 SQL 문장에서 ?는 사용자가 입력할 ISBN 값이 들어갈 자리입니다.

```
WHERE
  bs.isbn = ?    ←입력받은 ISBN에 해당하는 데이터만 조회
```

GROUP BY는 연도, 월, ISBN, 도서명 기준으로 데이터를 묶어주는 역할을 합니다. 이 그룹 단위로 판매 수량이 합산되어 출력됩니다.

```
GROUP BY
  bs.isbn, bm.title,
  substr(bs.sales_date, 1, 4),
  substr(bs.sales_date, 5, 2)
              ↑ 같은 ISBN, 도서명, 연도, 월을 가진 레코드들을 하나의 그룹으로 묶음
```

마지막으로 ORDER BY 절은 결과를 연도와 월 순으로 정렬해서 보여줍니다. 따라서 결과를 보면 2024년 1월, 2024년 2월, 2024년 3월… 순으로 판매 내역이 정렬돼 나타납니다.

```
ORDER BY
    year, month    → 연도 오름차순 → 월 오름차순으로 정렬
                   → 2024년 1월, 2024년 2월, 2024년 3월... 순서
```

SQL 실행 결과 검증하기

SQL이 제대로 동작하는지 확인하는 과정도 매우 중요합니다. Claude가 생성한 SQL 문장은 대부분 정확하지만, 간혹 칼럼명이 틀리거나 예상과 다른 결과가 나올 수 있기 때문입니다. 따라서 다음과 같은 과정을 통해 직접 SQL을 실행해 보는 것이 좋습니다.

DB Browser for SQLite를 실행하고, 상단 메뉴에서 [SQL 실행] 버튼을 클릭합니다. 이어서 Claude가 생성한 SQL 문장을 복사해 붙여넣습니다. 테스트를 하기 위한 ISBN 값을 입력하고, [실행] 버튼을 클릭합니다. 마지막으로 결과 테이블에서 원하는 값이 정확하게 출력되는지 확인합니다. (이 책에서는 테스트용 ISBN 값으로 9791158391348을 입력했습니다.)

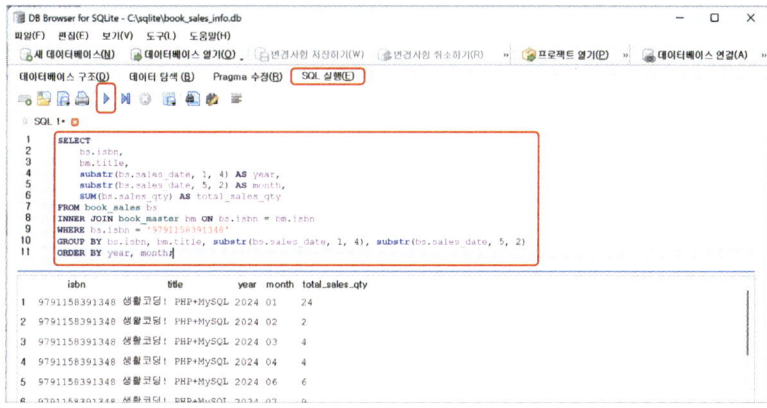

그림 3.35 DB Browser for SQLite에서 SQL 실행 화면

이 과정을 통해 SQL 문장이 잘 작동하는지, 그리고 지침에 그대로 넣어도 문제가 없는지 사전에 검증할 수 있습니다.

챗봇 실행해 보기

지침 설정이 마무리됐다면, 이제 챗봇을 실행해볼 차례입니다. Claude 프로젝트 화면 상단의 프롬프트 입력창에 조회하고 싶은 도서의 ISBN을 입력하고 [실행] 아이콘을 클릭해보세요. Claude는 사용자가 입력한 ISBN을 바탕으로 설정된 SQL을 실행하고, 그 결과를 시각적으로 구성해 보여줍니다.

그림 3.36 ISBN 입력 후 실행하는 화면

실행 결과로 다음과 같이 연월별 판매량을 보여주는 테이블과 함께 다양한 그래프가 포함된 대시보드가 생성될 것입니다. 이 화면이 바로 사용자가 언제든지 동일한 양식으로 결과를 조회할 수 있는 '도서별 월별 판매내역' 챗봇의 생성 결과입니다.

그림 3.37 실행된 챗봇의 대시보드 결과 화면

3.4.2 개별 도서 월별판매내역 챗봇 업그레이드하기

챗봇을 처음 만들고 실행했을 때 자동 생성된 대시보드는 기본적으로 다양한 요소를 포함하고 있어 데이터 전체 흐름을 한눈에 보기에는 유용합니다. 하지만 사용 목적에 따라 필요 없는 항목이 포함되어 있거나 원하는 형식과 조금 다를 수도 있습니다. 이런 경우에도 걱정할 필요는 없습니다. Claude는 자연어 프롬프트만으로 보고서 내용을 쉽게 수정할 수 있습니다.

예를 들어, 생성된 보고서에 포함된 '상세 판매 데이터' 테이블에서 '비율'이라는 칼럼이 불필요하다고 판단되면 단순히 아래와 같은 문장을 입력하면 됩니다.

"상세 판매 데이터" 테이블에 있는 "비율" 칼럼은 삭제해 주세요.

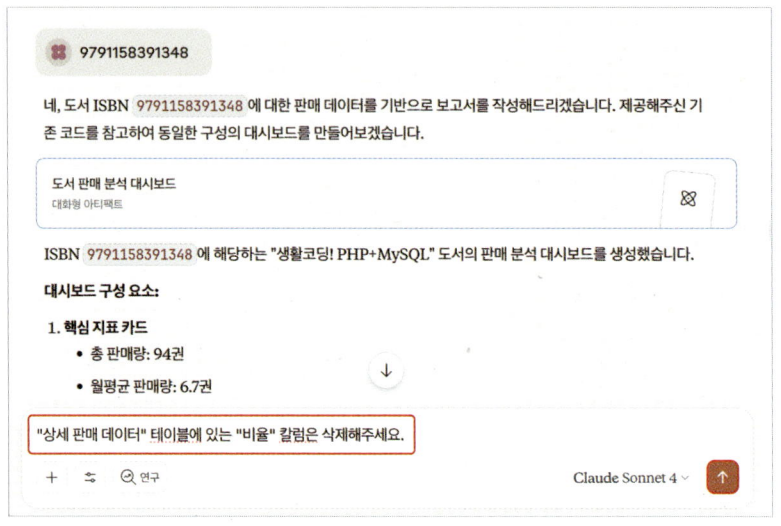

그림 3.38 비율 칼럼 삭제 요청 프롬프트

그러면 바로 이어서 Claude는 '비율' 칼럼이 제거된 상태로 테이블을 다시 출력합니다. 실제 보고서가 어떻게 바뀌었는지 시각적으로 확인할 수 있어 결과를 비교하며 수정해나가기 좋습니다.

상세 판매 데이터		
연도	월	판매량
2024	01월	24권
2024	02월	2권
2024	03월	4권
2024	04월	4권
2024	06월	6권
2024	07월	9권

그림 3.39 비율 칼럼이 제거된 테이블 출력 예시

TSX 파일로 보고서 양식 저장하기

원하는 형식의 대시보드가 완성됐다면 그 상태를 'TSX 파일'이라는 형식으로 저장해둘 수 있습니다. 이 파일은 Claude가 내부적으로 보고서의 구조, 차트 구성, 표 스타일 등을 기억하는 일종의 설계도 같은 역할을 합니다.

보고서를 TSX 파일로 저장하려면 대시보드 화면 오른쪽 상단에 있는 [복사] 버튼을 클릭한 후, [TSX(으)로 다운로드] 항목을 선택합니다. 그러면 해당 형식의 파일로 저장됩니다.

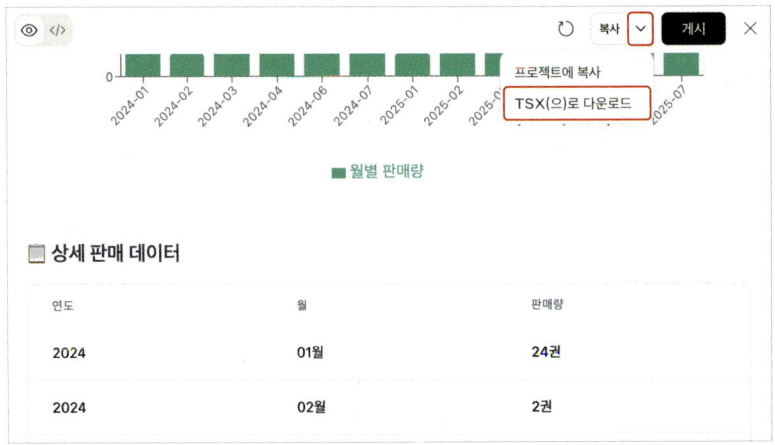

그림 3.40 TSX 파일 다운로드

이제 이 TSX 파일을 Claude 프로젝트의 지식으로 등록하면 됩니다. Claude 왼쪽 메뉴에서 [프로젝트]를 클릭한 뒤, 앞서 만든 챗봇의 프로젝트 이름을 검색해서 조회된 프로젝트를 선택합니다.

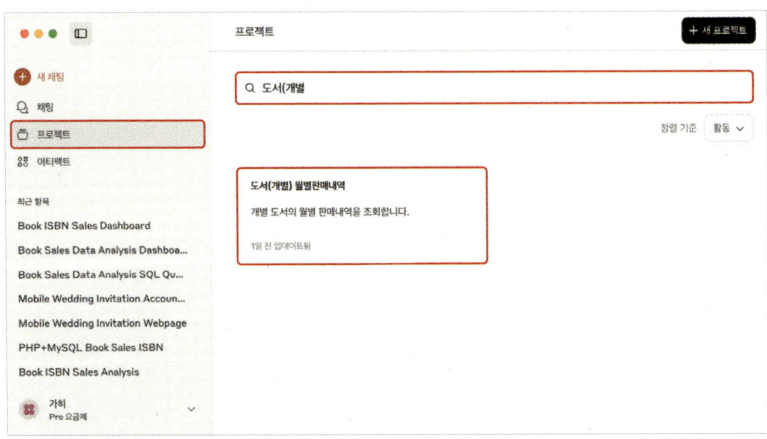

그림 3.41 프로젝트 선택

프로젝트 설정 화면이 열리면, 오른쪽 상단에 있는 [+] 버튼을 클릭한 후 [기기에서 업로드]를 선택하고, 다운로드한 TSX 파일을 선택합니다.

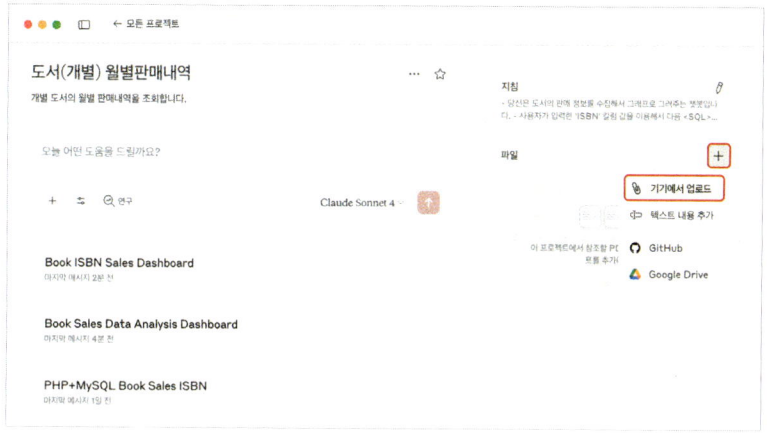

그림 3.42 TSX 파일 업로드

등록이 완료되면 Claude 프로젝트 내 지식 목록에 보고서 템플릿이 추가된 것을 확인할 수 있습니다.

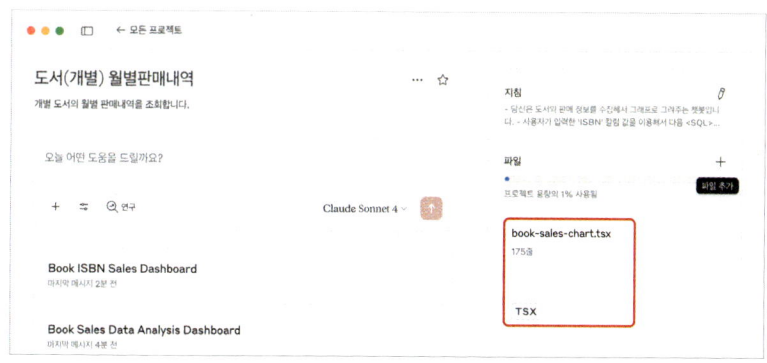

그림 3.43 프로젝트 지식에 등록된 TSX 파일

03부 _ SQLite MCP로 판매 정보 조회 시스템 만들기

지침에 템플릿 파일 연결하기

TSX 파일을 업로드하는 것만으로는 챗봇이 이를 자동으로 활용하지 않습니다. 프로젝트 지침에 해당 템플릿을 사용하도록 명시해 줘야 합니다. 프로젝트 지침 설정 화면으로 이동해 기존 지침 문장 하단에 다음과 같은 문장을 추가합니다.

- book-sales-chart.tsx와 같은 구성의 보고서를 만들어주세요.

이 문장은 Claude에 어떤 형태의 보고서를 만들어야 하는지 알려주는 역할을 합니다. 지침 문장을 수정한 뒤 [지침 저장] 버튼을 눌러 변경 사항을 반영합니다.

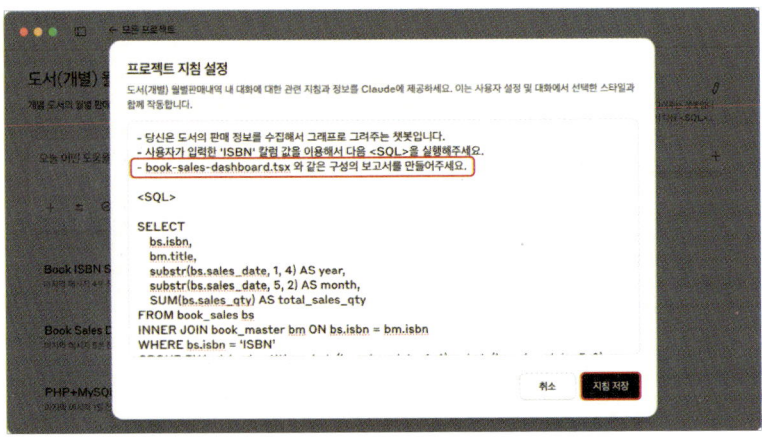

그림 3.44 지침에 TSX 템플릿을 연결

이제 챗봇은 사용자가 ISBN을 입력할 때마다 동일한 구성의 대시보드 보고서를 자동으로 생성하게 됩니다.

보고서 공유 및 수정하기

완성된 도서 판매 내역 보고서는 Claude의 공유 기능을 통해서 다른 사람과 내용을 공유할 수 있습니다. 보고서 상단의 [게시] 버튼을 클릭하면 보고서를 외부에 공유할 수 있는 링크를 생성할 수 있습니다.

그림 3.45 대시보드 [게시] 버튼 클릭

이후 나타나는 창에서 [게시 및 링크 복사] 버튼을 클릭하면 공유 가능한 URL이 클립보드에 복사됩니다. 이 링크를 복사해 다른 사람에게 전달하면 누구나 같은 형태의 보고서를 열람할 수 있습니다.[6]

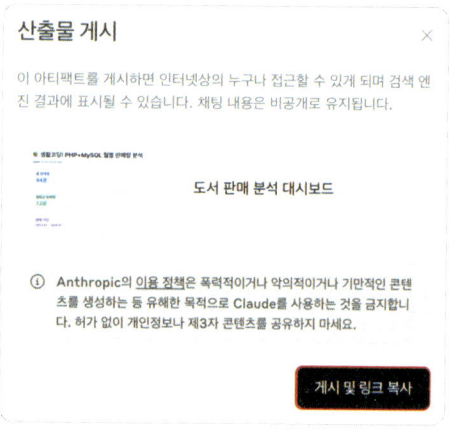

그림 3.46 게시된 링크 복사

---

6 https://bit.ly/4nxishs에서 결과를 확인할 수 있습니다.

공유된 링크를 받은 사람은 보고서 상단의 [사용자 지정(Customize)] 버튼을 클릭해 자신만의 방식으로 내용을 수정할 수도 있습니다. 예를 들어 원하는 차트를 추가하거나, 표 항목을 바꾸거나, 분석 요약을 수정하는 식으로 자유롭게 변형이 가능합니다.

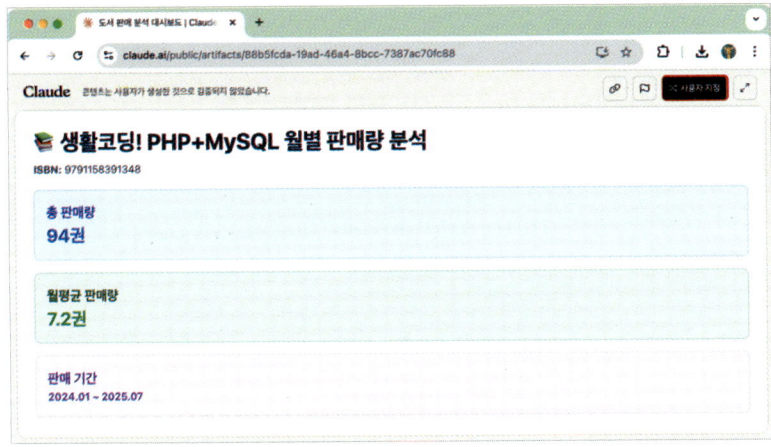

그림 3.47 공유된 보고서 상단의 사용자 지정 버튼

예를 들어 아래와 같은 요청을 입력해볼 수 있습니다.

월별 판매량 바 차트에서 연도별로 색상을 구분해 주세요.

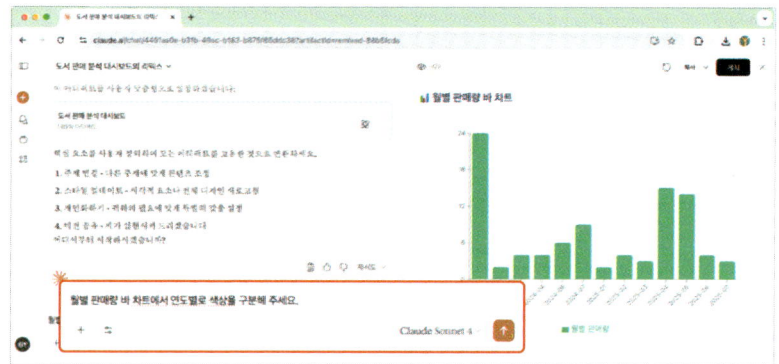

그림 3.48 연도별 색상으로 구분된 바 차트 요청

Claude는 이 요청을 반영해 바 차트의 색상을 연도별로 다르게 표현해 시각화해 줍니다.

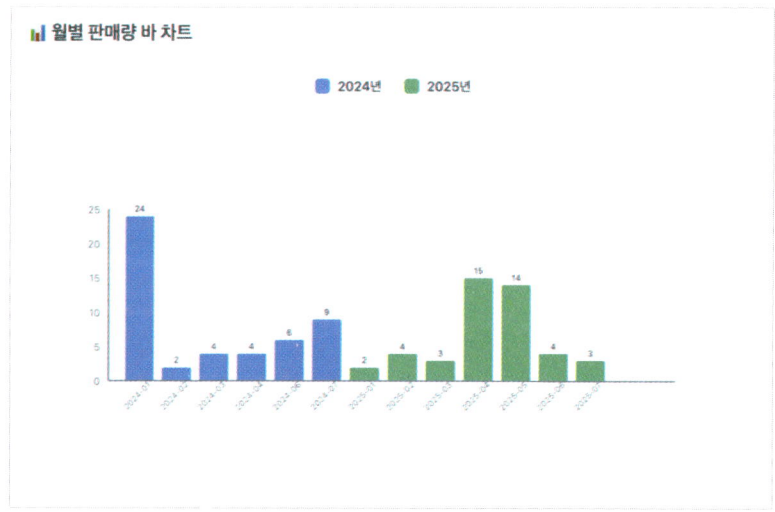

그림 3.49 연도별 색상으로 구분된 바 차트 결과

이처럼 Claude의 보고서 공유 기능을 활용하면 혼자만 사용하는 챗봇이 아닌 팀 전체와 함께 활용할 수 있는 도구로 확장됩니다. 생성한 보고서를 간단한 링크로 다른 사람에게 공유할 수 있고, 공유받은 사람은 자신이 원하는 형태로 보고서를 자유롭게 수정할 수 있어 협업이 훨씬 더 수월해집니다.

3.5 마무리

이 장에서는 SQLite MCP를 기반으로 데이터를 구조화하고, Claude 프로젝트를 활용해 실제 데이터를 조회하고 분석하는 전용 챗봇을 만들어 봤습니다. 전체 도서의 판매 흐름을 한눈에 보여주는 대시보드부터, 사용자가 특정 ISBN을 입력하면 해당 도서의 월별 판매 내역을 상세히 분석하는 챗봇까지 실습해 봤습니다.

중요한 점은 우리가 SQL을 직접 작성하지 않고도 Claude와의 협업을 통해 정확한 데이터 질의와 시각화 결과를 얻어냈다는 것입니다. 또한, 챗봇의 응답 형식을 자유롭게 수정하고 재사용할 수 있도록 TSX 템플릿을 저장하고 관리하는 방식도 알아봤습니다. 단순한 데이터 조회를 넘어서 정기 보고서 자동화, 반복 업무 간소화, 의사결정 지원 도구로까지 확장할 수 있는 기반을 다졌다고 할 수 있습니다.

이제 여러분은 자신의 데이터를 스스로 관리하고, 원하는 방식으로 분석할 수 있는 역량을 갖추게 되었습니다. 다음 장에서는 이러한 실습을 보다 더 다양한 데이터셋에 적용해보고, MCP의 확장성과 응용력을 높이는 방법을 알아보겠습니다.

PART

04

인세 내역 조회부터 이메일 발송까지 원클릭 자동화 시스템 만들기

최근 개발 분야에서는 '바이브 코딩(Vibe Coding)'이라는 새로운 방식이 주목받고 있습니다. 사람이 직접 코드를 작성하는 대신, 원하는 기능을 AI에 설명하고 그에 맞는 프로그램을 함께 완성해 나가는 방식입니다. 단순히 코드를 생성하는 것을 넘어, AI가 개발자의 의도와 흐름까지 이해해 결과물을 구성해준다는 점에서 기존 방식과는 전혀 다른 접근입니다.

물론 아직 기술적으로 완벽하다고 보기는 어렵습니다. 엉뚱한 결과가 나올 때도 있고, 때로는 수정을 반복해야 할 때도 있습니다. 하지만 기존의 전통적인 개발 방식에 비해 훨씬 빠르고 생산적이라는 점은 분명합니다. 특히 복잡한 문법을 몰라도 업무에 대한 아이디어만 있다면 누구나 실용적인 프로그램을 만들어볼 수 있다는 점에서 프로그래밍 초보자에게도 좋은 기회를 제공합니다.

이번 장에서는 그 대표적인 사례로 인세 정산 정보를 자동으로 이메일로 발송하는 시스템을 만들어보겠습니다. 판매 데이터를 SQL로 조회하고, 그 결과를 바탕으로 HTML 메일을 생성한 뒤, 구글 스프레드시트를 활용해 이메일을 자동으로 보내는 전 과정을 실습합니다.

바이브 코딩에서 프로그래밍 지식은 필수가 아닙니다. 중요한 것은 '내가 원하는 결과가 무엇인지'를 AI에 정확히 설명하는 능력입니다. Claude 같은 생성형 AI는 그 설명을 바탕으로 코드를 만들고, 반복 피드백을 통해 점점 더 원하는 결과를 완성해 줍니다. 이 장을 통해 단순한 인세 정산 자동화를 넘어, **AI와 협업하는 실전 업무 자동화의 감각**을 함께 길러보기 바랍니다.

> **TIP _ 바이브 코딩이란?**
>
> 바이브 코딩은 AI와 **협업하며 프로그램을 만드는 새로운 개발 방식**입니다. "이 기능 추가해줘", "지난 코드에 이 조건 넣어줘", "메일 발송 자동화해줘"처럼 말하듯 지시하면 AI가 코드를 하나씩 완성해 줍니다.
>
> 코드를 몰라도 업무의 흐름을 잘 알고 있다면 누구든지 시작할 수 있다는 점에서 매우 유용한 접근법입니다.

4.1 인세 메일 자동 발송 템플릿 소개

출판사에서는 저자에게 인세를 지급할 때 해당 도서의 판매 내역과 지급 금액을 정리한 안내 메일을 보내는 것이 일반적입니다. 하지만 이 작업은 생각보다 손이 많이 갑니다. 판매 내역을 일일이 복사하고, 금액을 계산한 뒤, 저자별로 메일을 따로 작성해 보내는 방식은 시간이 오래 걸릴 뿐 아니라, 실수나 누락도 잦습니다. 특히 저자가 많거나 판매 도서가 다양할수록 이 과정은 더 복잡하고 부담스러워집니다.

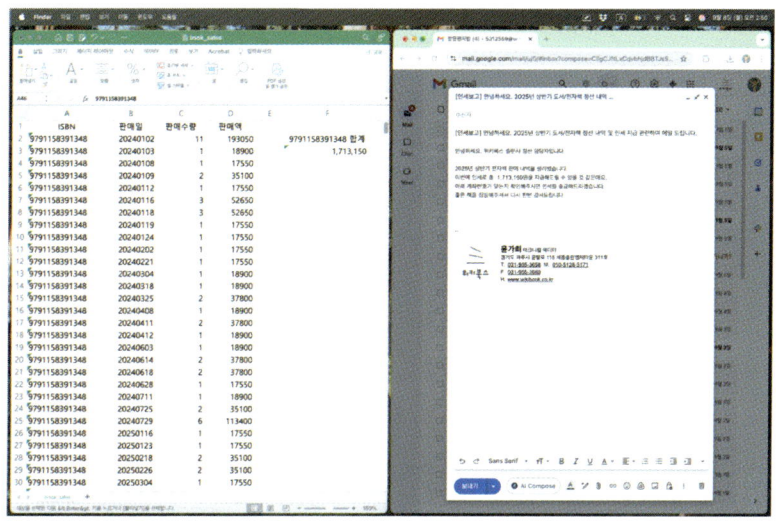

그림 4.1 수기로 진행하던 인세 메일 보내기

이러한 문제를 해결하기 위해 만든 것이 바로 인세 메일 자동 발송 템플릿입니다. 이 템플릿은 구글 스프레드시트 기반으로 구성되어 있습니다. Claude MCP를 이용해서 필요한 정보를 조회하고 템플릿에 맞춰 메일을 생성한 뒤, 버튼 클릭 한 번으로 메일까지 발송할 수 있도록 설계돼 있습니다.

- 인세 메일 자동 발송 템플릿: https://bit.ly/royalty_mail

이 시스템은 단순한 서식 이상의 기능을 제공합니다. 기존처럼 복사/붙여넣기를 반복하지 않아도 되며, 수작업으로 발생하는 오류를 크게 줄이고, 메일의 가독성까지 높여줍니다. 판매정보 조회부터 메일 발송까지 대부분의 업무가 자동으로 진행되기 때문에 업무 속도는 물론 정확성까지 함께 향상됩니다. 이어서 이 템플릿의 실제 구조와 작동 원리를 하나씩 자세히 살펴보겠습니다.

먼저, 템플릿이 어떤 시트들로 구성되어 있는지부터 알아보겠습니다.

템플릿 구성 살펴보기

인세 메일 자동 발송 템플릿은 크게 두 개의 시트로 구성되어 있습니다. 하나는 메일 형식을 정의하는 시트이고, 다른 하나는 실제 인세 데이터를 담고 있는 시트입니다. 두 시트는 서로 연동되어 있어 필요한 데이터가 자동으로 메일에 들어가도록 설계되어 있습니다.

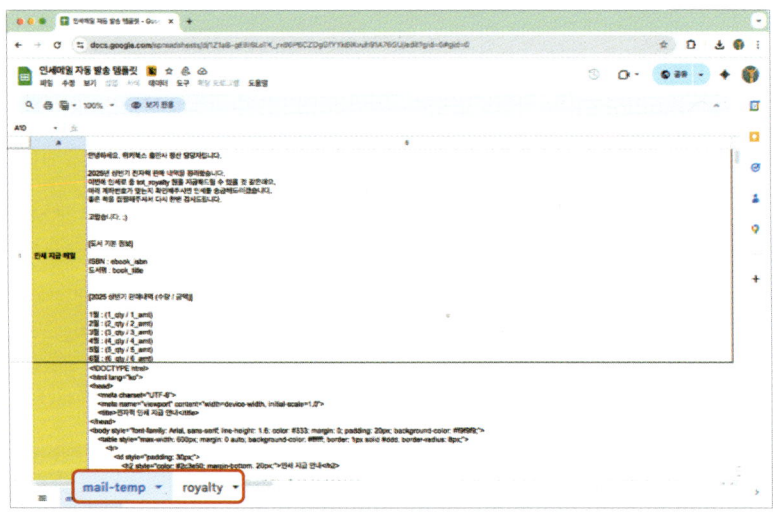

그림 4.2 인세 메일 템플릿의 구성

먼저 mail-temp 시트는 메일의 기본 틀, 즉 템플릿을 저장하는 시트입니다. 이 시트에는 두 가지 형태의 템플릿이 준비되어 있습니다. 하나는 단순한 텍스트로 된 버전이고, 다른 하나는 HTML 형식으로 구성된 시각적으로 더 보기 좋은 버전입니다. 이 템플릿 안에는 {도서명}, {저자명}, {총 인세액}, {계좌번호}처럼 중괄호로 표시된 자리 표시자(플레이스홀더)가 들어 있습니다. 이 자리에는 나중에 각 저자의 실제 정보가 자동으로 채워져 개인 맞춤형 메일이 완성됩니다.

다음은 **royalty 시트**입니다. 이 시트는 말 그대로 인세 관련 데이터를 담는 메인 작업 공간입니다. 저자별로 한 행씩, ISBN, 도서명, 저자명, 이메일, 계좌번호, 월별 판매 수량, 인세 총액 등의 정보가 정리돼 있습니다. 특히 시트의 맨 끝에는 체크박스가 있어, 발송하고 싶은 저자 행을 체크한 다음 버튼을 클릭하면 해당 저자에게 메일이 바로 발송되도록 구성되어 있습니다.

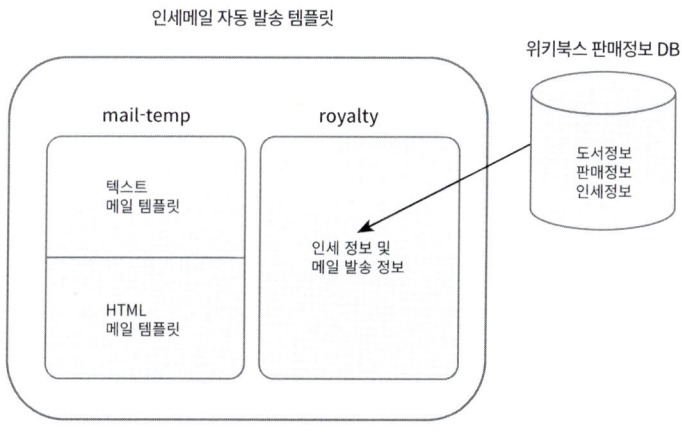

그림 4.3 인세 메일 자동 발송 템플릿의 구성

데이터 연동과 자동화 구조

이 템플릿이 가진 가장 큰 장점은 **데이터 연동과 자동화**입니다. 인세 지급을 위한 판매내역은 앞에서 다룬 SQLite 데이터베이스에서 조회한 결과를 복사해 붙여넣기만 하면 됩니다. 이 데이터를 기반으로 royalty 시트가 자동으로 완성되고, 그 정보는 다시 mail-temp 시트의 템플릿과 연결됩니다. 이 과정을 통해 저자별로 다른 메일이 자동 생성되며, 메일 제목부터 본문, 수치 정보, 계좌 정보까지 모두 자동으로 반영됩니다.

마지막으로 체크박스를 클릭하고 버튼만 누르면 메일이 생성되고 발송까지 한 번에 이루어집니다. 복잡한 수작업 없이 원클릭으로 인세 메일 발송을 끝낼 수 있는 시스템이 완성되는 셈입니다.

4.1.1 mail-temp 시트 소개

mail-temp 시트는 인세 자동 발송 시스템에서 메일의 틀(template) 역할을 하는 시트입니다. 이 시트는 실제 메일로 발송될 내용을 담고 있으며, 크게 두 가지 버전으로 구성됩니다.

첫 번째는 텍스트 버전의 메일입니다. 일반적인 이메일처럼 단순한 문장과 줄바꿈으로 구성된 형태로, 작성하기 쉽고 구조가 단순합니다. 두 번째는 같은 내용을 HTML 코드로 변환한 버전입니다. 이 HTML 버전에서는 글자에 색을 입히거나 강조 표시를 하고, 표 형태로 데이터를 보여주는 등 시각적으로 더욱 깔끔한 메일을 만들 수 있습니다.

텍스트 메일과 HTML 메일은 내용은 같지만, 보여주는 방식이 다릅니다.

단순한 안내에는 텍스트 메일도 충분하지만, 판매 내역이나 인세 정산처럼 숫자와 표 등 정보가 많은 메일은 HTML 메일이 훨씬 더 보기 쉽습니다. 특히 수신자가 저자일 경우, 인세 내역을 한눈에 이해할 수 있도록 표나 강조 표시를 해주는 것이 좋기 때문에 HTML 형식을 적극적으로 활용하는 것을 권장합니다.

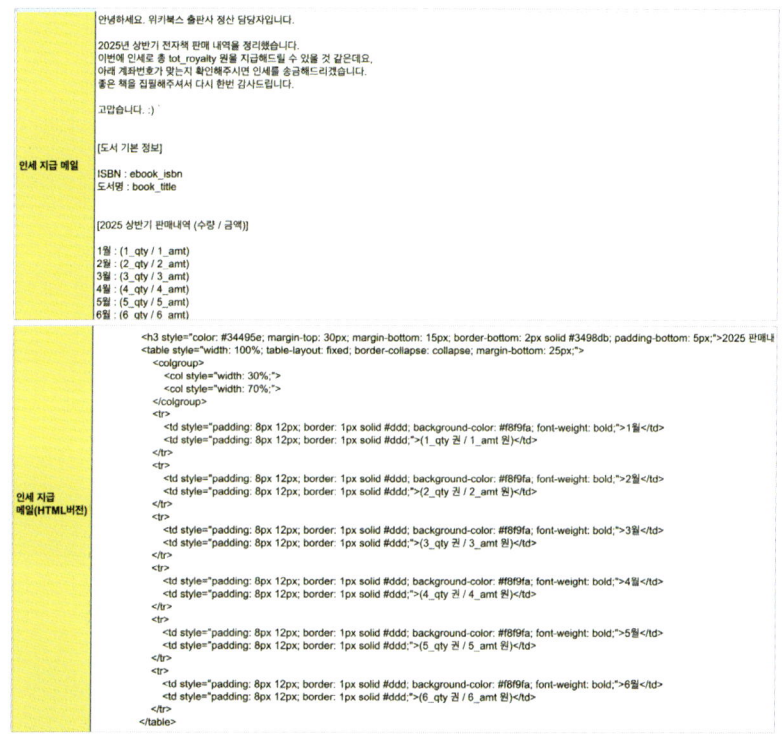

그림 4.4 인세 지급 메일 행의 텍스트 버전(위)과 HTML 버전(아래)

메일 내용과 플레이스홀더

메일 템플릿에는 모든 저자에게 똑같이 들어가는 고정 문장과 저자마다 다르게 들어가야 하는 가변 항목(플레이스홀더)이 함께 포함되어 있습니다.

예를 들어 다음과 같은 메일 내용을 살펴보겠습니다.

```
안녕하세요. 위키북스 출판사 정산 담당자입니다.

2025년 상반기 전자책 판매 내역을 정리했습니다.
이번에 인세로 총 tot_royalty 원을 지급해드릴 수 있을 것 같은데요,
아래 계좌번호가 맞는지 확인해주시면 인세를 송금해드리겠습니다.
좋은 책을 집필해주셔서 다시 한번 감사드립니다.

고맙습니다. :)


[도서 기본 정보]

ISBN : ebook_isbn
도서명 : book_title

·
·
```

이 중 "안녕하세요. 위키북스 출판사 정산 담당자입니다."나 "고맙습니다. :)"와 같은 문장은 모든 저자에게 동일하게 발송되는 고정 항목입니다. 반면 tot_royalty, ebook_isbn, book_title처럼 붉은색으로 표시된 부분은 플레이스홀더라고 부르며, 메일 발송 시 실제 저자별 정보로 자동 교체됩니다.

플레이스홀더는 말 그대로 '자리 표시자'입니다. 메일을 보낼 때 시스템이 해당 자리에 진짜 값(예를 들어, '352,000원'이나 '9791158391331' 같은 데이터)을 자동으로 채워 넣습니다. 덕분에 하나의 템플릿으로 수십 명, 수백 명에게 개인화된 메일을 손쉽게 보낼 수 있습니다.

HTML 메일의 장점

mail-temp 시트에는 텍스트 버전 외에도 동일한 내용을 HTML 형식으로 작성한 버전이 함께 포함되어 있습니다. HTML 메일을 사용하는 가장 큰 이유는 가독성과 신뢰도입니다.

텍스트만 있는 메일은 정보를 한눈에 파악하기 어렵고, 중요한 수치를 강조하기도 어렵습니다. 반면 HTML 메일은 다음과 같은 기능을 사용할 수 있습니다.

- 판매 실적을 표 형식으로 정리
- 인세 총액에 색을 입혀 강조
- 계좌번호 같은 중요 항목을 굵은 글씨로 표시
- 레이아웃을 정돈해 정보 전달을 명확하게 표현

이처럼 HTML은 전문성과 신뢰를 높여주며, 특히 인세처럼 민감한 정보를 전달할 때 더 적합한 형식입니다.

HTML 메일 템플릿을 만드는 과정은 다소 복잡해 보일 수 있지만, Claude와 같은 AI를 활용하면 누구나 손쉽게 HTML로 변환할 수 있습니다. 이 방법은 4.3.2절에서 자세히 설명할 예정입니다.

4.1.2 royalty 시트 소개

royalty 시트는 인세 메일 자동 발송 시스템의 핵심 작업 공간입니다. 이 시트 하나에 메일을 보내기 위해 필요한 모든 정보와 기능이 담겨 있다고 볼 수 있습니다. 구체적으로는 크게 두 가지 역할로 나눌 수 있습니다.

인세 메일 발송을 위한 데이터 저장

시트의 왼쪽 영역에는 각 저자별로 메일을 보내기 위한 정보가 정리돼 있습니다. 예를 들어 저자의 이름, 이메일 주소, 계좌번호, 도서 제목, 판매 실적, 인세 금액 등입니다. 각 저자에 대한 정보는 앞서 소개한 mail-temp 시트의 메일 틀과 자동으로 연결됩니다.

예를 들어 mail-temp 시트의 'tot_royalty'라는 플레이스홀더에는 이 시트의 인세 금액 값이 자동으로 들어가고, 'ebook_isbn'이나 'book_title'에는 ISBN과 도서명이 채워지는 식입니다. 이렇게 mail-temp 시트와 royalty 시트의 데이터가 연동되는 구조 덕분에 하나의 템플릿으로 모든 저자에게 맞춤 메일을 보낼 수 있습니다.

이 royalty 시트의 데이터는 3장에서 다룬 판매 정보 시스템을 통해 자동으로 조회하여 채워 넣을 수도 있습니다. 판매 데이터베이스에서 도서별 판매량과 금액을 구한 뒤, 그 결과를 royalty 시트에 붙여 넣는 방식입니다. 인세 메일 발송을 위해서 필요한 데이터 조회와 정리 방법은 다음 절인 4.2절에서 자세히 설명할 예정입니다.

ebook_isbn	title	author	main_author	받는 사람	jumin_num	bank_num	담당자	202501_qty	202501_amt	202502_qty	202502_amt	202503_qty	202503_amt	202504_qty	202504_amt	202505_qty
9791158392802	생활코딩 React I	이고잉	이고잉	mig8855@wikibook.co.kr	991231-6736511	기업은행 184-712	박현규	0	0	0	0	0	0	0	0	1

그림 4.5 인세 발송을 위한 데이터

메일 발송 실행 기능

royalty 시트의 오른쪽 영역은 메일 발송을 실제로 실행하는 부분입니다. 각 행에는 체크박스가 달려 있어, 메일을 보낼 대상을 선택하고, 버튼 하나로 메일을 자동으로 발송할 수 있습니다.

이 기능은 사람이 직접 메일을 하나씩 쓰고 보내는 기존 방식과는 완전히 다릅니다. 버튼 하나로 수십 통의 메일을 실시간으로 자동 전송할 수 있어 작업 시간이 획기적으로 줄어듭니다.

이 자동화 기능은 단순한 시트만으로 구현되는 것이 아니라, Claude와 같은 AI의 도움을 받아 만들어진 자동화 코드(앱스 스크립트, Apps Script)를 기반으로 작동합니다. 4.3절에서 단계별로 코드를 작성하고 적용하는 방법을 함께 살펴볼 예정입니다.

W	X	Y	Z
제목	본문(HTML)	발송	상태
이고잉 님 안녕하세요. 2025	<!DOCTYPE html> <html lang="ko"> <head> <meta charset="UTF-8"> <meta name="viewport" c <title>전자책 인세 지급 안내	☐	발송 완료 (2025. 9. 8. 오전 3:38:13)

그림 4.6 인세 발송 부분

4.1.3 인세 자동 메일 발송 템플릿 사용해보기

앞에서 살펴본 인세 메일 자동 발송 템플릿은 복잡한 수작업을 줄이고 버튼 클릭만으로 메일을 자동으로 발송할 수 있는 매우 강력한 도구입니다. 이번 절에서는 이 템플릿을 직접 복사해 사용하고, 자동 발송 기능을 활성화하는 전 과정을 단계별로 따라가 보겠습니다.

01. 먼저 브라우저에서 아래 링크로 접속합니다.

- 인세 자동 메일 발송 템플릿: https://bit.ly/royalty_mail

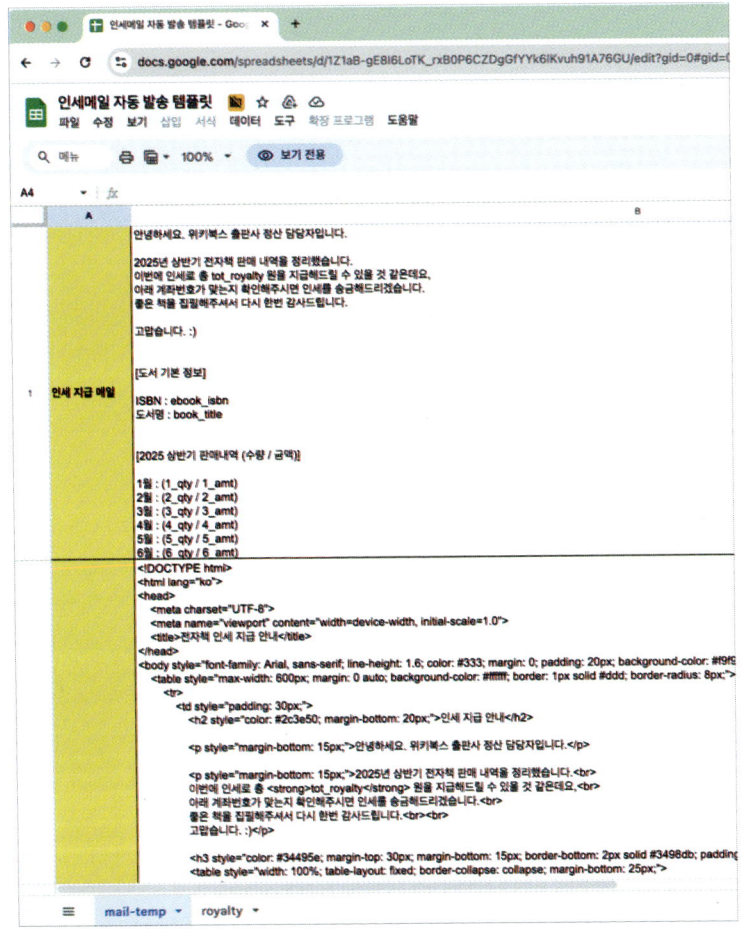

그림 4.7 인세 자동 메일 발송 템플릿

02. 화면 오른쪽 상단의 [파일] 메뉴를 클릭한 뒤 [사본 만들기]를 선택합니다. 이어서 나오는 팝업창에서도 [사본 만들기] 버튼을 눌러 템플릿을 자신의 구글 드라이브로 복사합니다. 이제 복사된 문서는 자유롭게 수정하고 활용할 수 있습니다.

그림 4.8 템플릿의 사본 만들기

03. 메일 자동 발송 기능을 사용하려면 먼저 App Script(앱 스크립트)를 설정해야 합니다. 문서 상단 메뉴에서 [확장 프로그램] - [Apps Script]를 클릭하면 새로운 편집 창이 열립니다.

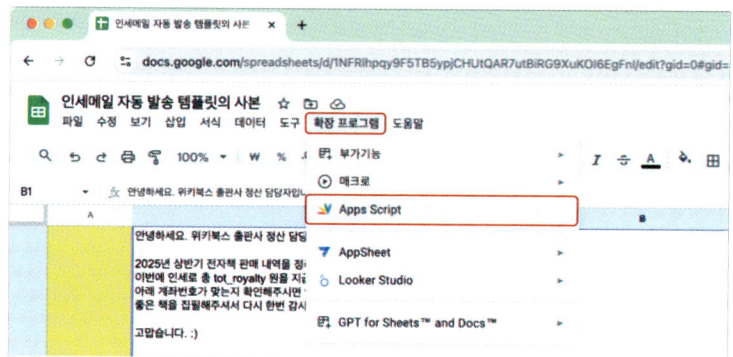

그림 4.9 확장 프로그램에서 Apps Script 열기

04. 앱스 스크립트 화면에서 왼쪽 사이드바에 있는 시계 모양 아이콘의 [트리거] 메뉴를 클릭합니다. 그다음 [트리거 추가] 버튼을 눌러 새로운 트리거를 등록합니다.

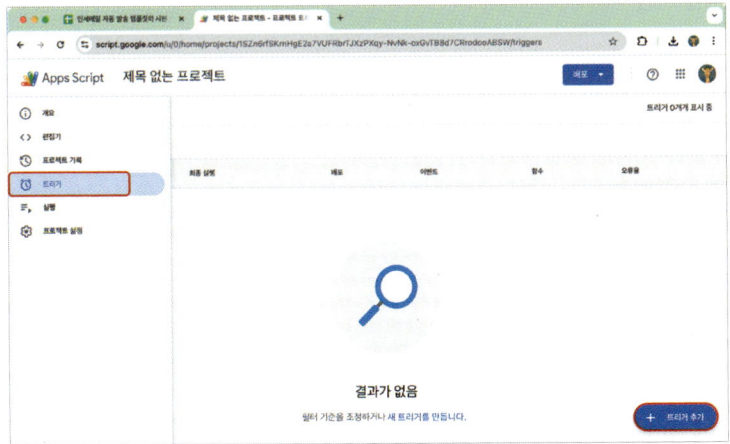

그림 4.10 트리거 추가

05. 다음과 같이 트리거를 설정하고, 마지막으로 [저장] 버튼을 클릭하면 트리거가 등록됩니다.

- **실행할 함수 선택**: handleEdit
- **실행 배포 선택**: Head (기본값 그대로 둡니다)
- **이벤트 소스 선택**: 스프레드시트에서
- **이벤트 유형 선택**: 수정 시

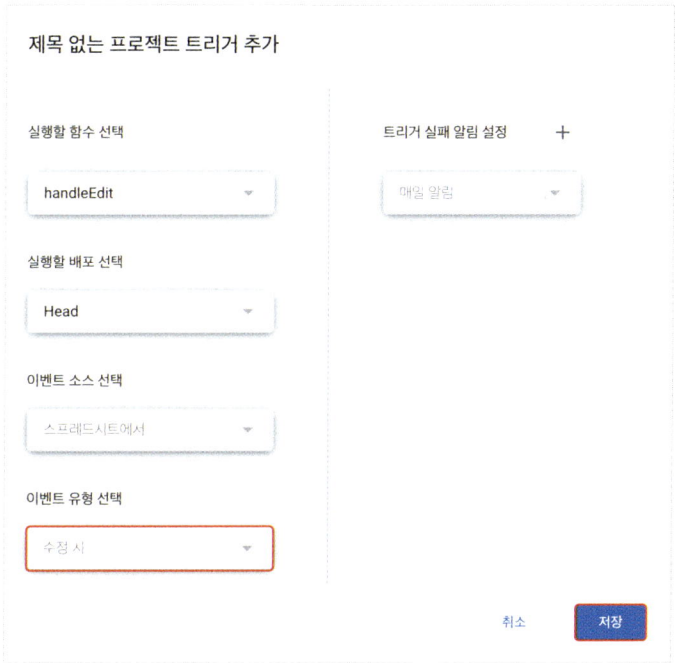

그림 4.11 트리거를 설정하고 트리거 추가

06. 트리거를 처음 저장하면 구글에서 보안 확인을 요청합니다. 먼저 팝업창에서 본인의 구글 계정을 선택합니다.

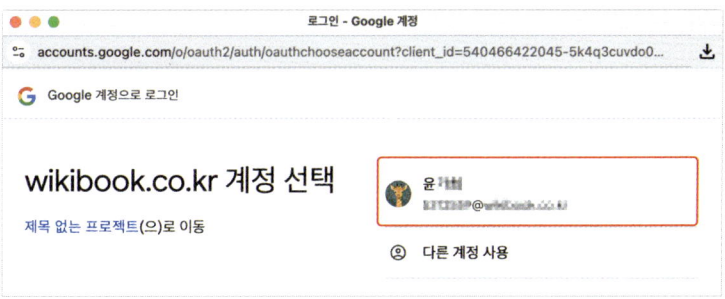

그림 4.12 팝업창에서 구글 계정 선택

07. "Google이 이 앱을 확인하지 않았습니다."라는 메시지가 나오면 [고급]을 클릭하고, [제목 없는 프로젝트(안전하지 않음)로 이동]을 클릭합니다.

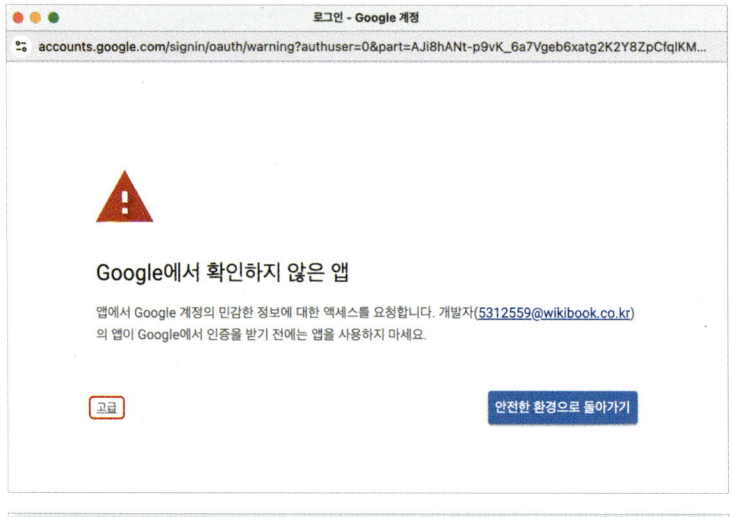

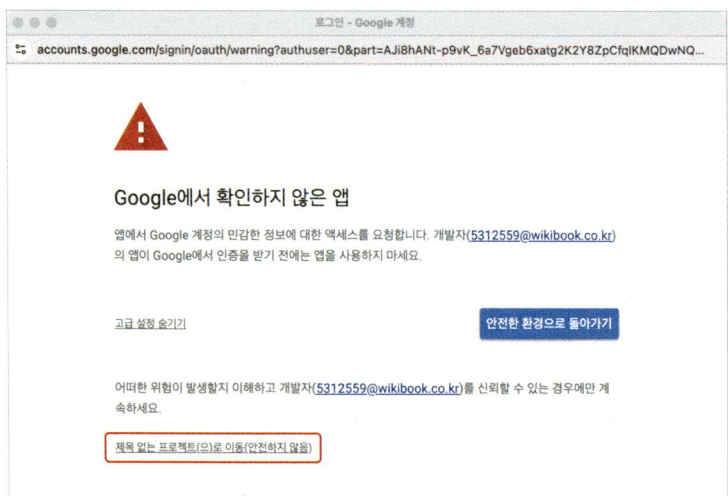

그림 4.13 제목 없는 프로젝트로 이동 클릭

08. 마지막으로 "Google 계정에 액세스하려고 합니다."라는 창이 나오면, 스크립트가 요청하는 권한(스프레드시트 접근, 메일 전송 등)을 확인하고 [허용(Allow)] 버튼을 클릭합니다. 이 작업을 통해 메일 발송을 위한 코드가 정상적으로 실행될 수 있도록 허용한 것입니다.

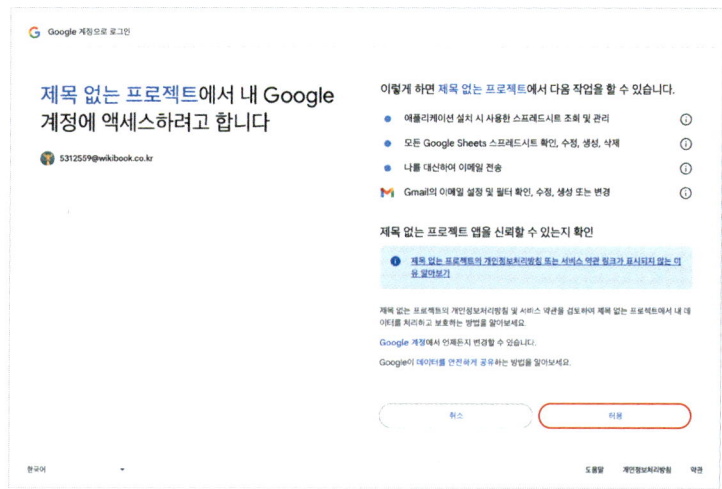

그림 4.14 스크립트가 요청하는 권한 확인 및 허용

09. 다음과 같은 트리거가 조회되면 모든 설정이 마무리된 것입니다.

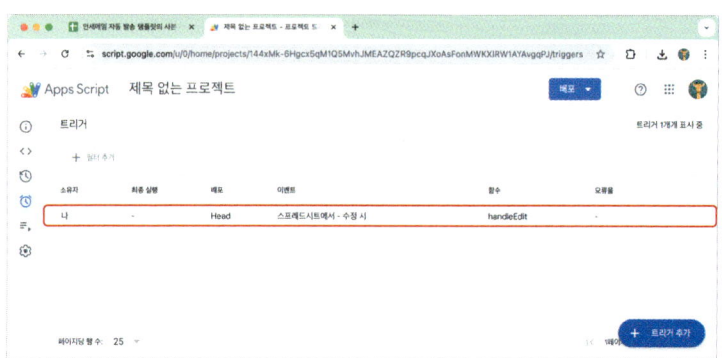

그림 4.15 추가된 트리거 확인

메일 테스트해보기

모든 설정이 완료되면 자동 발송 기능을 테스트해볼 수 있습니다. royalty 시트의 각 행에 있는 **받는 사람 메일 주소**를 입력하고, 오른쪽에 있는 [발송] 체크박스 클릭하면 1~2초 후에 '발송 완료' 메시지를 확인할 수 있습니다.

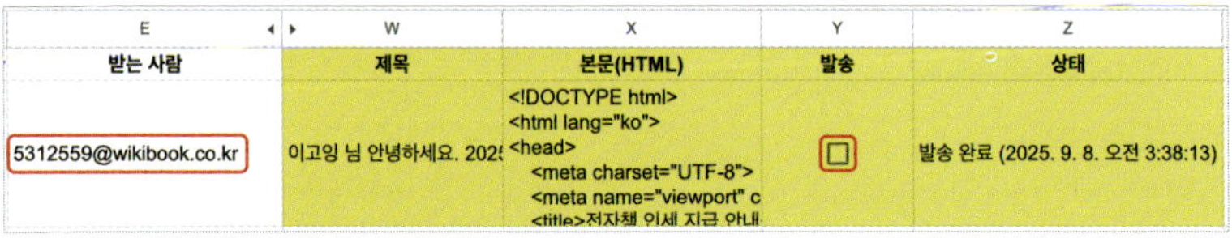

그림 4.16 메일 발송 테스트

실제 해당 이메일로 접속해 보면, 그림 4.17과 같이 메일이 정확히 발송된 것을 확인할 수 있습니다. 템플릿에 설정된 구성에 따라서 선택한 도서의 판매 정보가 자동으로 채워져서 메일이 발송됐습니다.

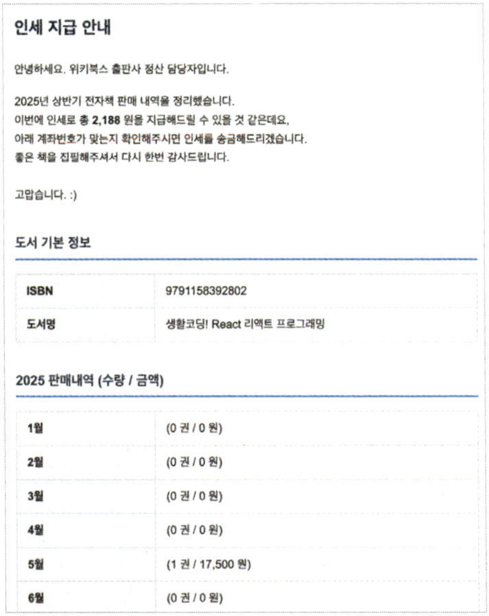

그림 4.17 발송된 이메일

이로써 메일 발송 템플릿의 기본 사용법과 설정 작업이 모두 마무리됐습니다. 이제 royalty 시트에 판매 데이터를 자동으로 채우고, HTML 템플릿을 만들고, 메일 자동 발송 프로그램을 완성해가는 다음 단계를 진행해 보겠습니다.

4.2 인세 내역 조회를 위한 SQL 만들기

이제 인세 자동 메일을 발송하기 위한 핵심 데이터들을 준비해보겠습니다. 앞서 3장에서 다뤘던 book_sales 테이블과 book_master 테이블만으로도 도서별 판매 내역은 충분히 조회할 수 있습니다. 하지만 인세 메일을 실제로 발송하려면 여기에 저자별 메일 주소나 계좌 정보 같은 개인정보가 추가로 필요합니다.

이런 정보를 담고 있는 테이블이 바로 author_master입니다. 이 테이블에는 저자의 이름, 이메일, 주민등록번호, 계좌번호, 대표 저자 여부 등 메일 발송에 꼭 필요한 데이터가 포함되어 있습니다.

book_sales: 도서 일별 판매정보

칼럼	속성	설명
isbn	TEXT	ISBN
sales_date	TEXT	판매일자
sales_qty	INTEGER	판매수량
sales_amt	INTEGER	판매금액

book_master: 도서 기본 정보

칼럼	속성	설명
isbn	TEXT	ISBN
title	TEXT	도서명
author	TEXT	저자
pages	INTEGER	페이지 수
price	INTEGER	도서 가격(원)
pubdate	TEXT	출판일
series	TEXT	시리즈 정보
url	TEXT	도서 URL

author_master: 저자 정보

칼럼	속성	설명
isbn	TEXT	ISBN
main_author	TEXT	주저자
main_author_mail	TEXT	주저자 이메일
jumin_num	TEXT	주민번호
bank_num	TEXT	계좌번호
rep	TEXT	담당자

그림 4.18 추가로 필요한 author_master 테이블

이번 절에서는 author_master 테이블을 포함한 총 3개의 테이블을 연결해서 인세 메일에 필요한 데이터를 조회하는 SQL을 작성해보겠습니다. SQL은 처음부터 복잡하게 만들기보다는 단계별로 나눠서 생성하고 결과를 확인해가며 완성하는 방식이 훨씬 더 이해하기 쉽고 실수도 줄일 수 있습니다.

따라서 이번 절은 다음과 같은 흐름으로 진행하겠습니다.

1. 도서별 월별 판매 데이터를 조회하는 SQL 작성
2. 데이터를 가로로 펼친 피벗(pivot) 형태로 변환
3. 인세 계산 공식 추가하기
4. 저자 개인정보(author_master 테이블)를 연결하여 최종 데이터 완성

이 과정을 따라가다 보면 단순 조회를 넘어서 복잡한 조건을 조합해 데이터를 분석하는 SQL 작성 실력을 자연스럽게 키울 수 있을 것입니다.

> **TIP _ SQL, 꼭 한 번에 완성할 필요는 없습니다**
>
> Claude나 다른 생성형 AI를 사용할 때 처음부터 모든 조건을 한 번에 입력해서 완성된 SQL을 얻으려고 하면 오히려 복잡해지고 결과를 이해하기가 어려운 경우가 많습니다.
>
> 이번 절에서는 단계별로 '데이터를 어떻게 쪼개고, 어떤 순서로 완성할지'를 중심으로 AI에 정확히 설명하는 연습을 해보겠습니다.

4.2.1 월별, ISBN별 판매 데이터 구하기

이제 본격적으로 인세 메일에 필요한 데이터를 조회해 보겠습니다. 첫 단계에서는 도서별(ISBN별)로 월간 판매 실적을 집계하는 SQL을 만들어보겠습니다. 이 작업을 통해서 인세를 지급하기 위해 필요한 2025년 상반기(1~6월) 매출 데이터를 얻을 수 있습니다.

두 테이블을 조합해 데이터 만들기

판매 데이터는 book_sales 테이블에, 도서의 기본 정보는 book_master 테이블에 저장돼 있습니다. 이 두 테이블은 공통된 isbn 값을 기준으로 연결할 수 있습니다. 따라서 다음과 같은 순서로 데이터를 조회하는 SQL이 필요합니다.

- 먼저 두 테이블을 isbn을 기준으로 JOIN(조인)합니다.
- 그중에서 2025년 1월 1일부터 6월 30일까지의 데이터만 필터링합니다.
- 그리고 월별로 묶어서 판매 수량(sales_qty)과 판매 금액(sales_amt)의 합계를 구합니다.

Claude에 다음과 같은 프롬프트를 입력해 SQL 작성을 요청했습니다.

```
book_master 테이블과 book_sales 테이블을 사용하여, 2025년 상반기(1월~6월)
동안의 도서별 월간 판매 실적을 집계하는 SQL을 작성해주세요.
- 조인(결합) 조건: book_master.isbn = book_sales.isbn
- 기간 조건: book_sales.sales_date 가 '20250101'부터 '20250630'까지
- 그룹 조건: 도서(ISBN) 및 판매 연월별로 그룹화
- 집계 항목: 판매수량(sale_qty)과 판매금액(sale_amt)의 합계

[최종 결과 컬럼]
- book_master.isbn
- book_master.title
- book_master.author
- sales_date (연월만 추출, 예: '202501')
- sale_qty (월별 합계)
- sale_amt (월별 합계)
```

Claude가 생성한 SQL 코드

위 요청으로 Claude가 작성한 SQL은 다음과 같습니다.

```sql
SELECT
    bm.isbn,
    bm.title,
    bm.author,
    SUBSTR(bs.sales_date, 1, 6) AS sales_date,   --- (1)
    SUM(bs.sales_qty) AS sale_qty,               --- (2)
    SUM(bs.sales_amt) AS sale_amt
FROM book_master bm
INNER JOIN book_sales bs ON bm.isbn = bs.isbn    --- (3)
WHERE bs.sales_date >= '20250101'                --- (4)
    AND bs.sales_date <= '20250630'
GROUP BY                                         --- (5)
    bm.isbn,
    bm.title,
    bm.author,
    SUBSTR(bs.sales_date, 1, 6)
ORDER BY                                         --- (6)
    bm.isbn,
    SUBSTR(bs.sales_date, 1, 6);
```

이 SQL 문장은 각 책의 연도와 월 단위로 판매 실적을 요약해주는 역할을 합니다. 쿼리 구성 요소를 간단히 설명하면 다음과 같습니다.

(1) 연월 추출

- SUBSTR(bs.sales_date, 1, 6)
- 판매 일자에서 앞 여섯 자리(연월, YYYYMM)를 추출해 sales_date로 표시

(2) 집계

- `SUM(bs.sales_qty), SUM(bs.sales_amt)`
- 각각 월별 판매 수량과 판매 금액을 합산

(3) JOIN 조건

- `INNER JOIN book_sales bs ON bm.isbn = bs.isbn`
- 두 테이블을 ISBN 기준으로 연결

(4) 기간 필터

- `bs.sales_date >= '20250101' AND bs.sales_date <= '20250630'`
- 2025년 상반기 데이터만 필터링

(5) 그룹화

- `GROUP BY`
- ISBN, 도서명, 저자, 연월별로 그룹화하여 월간 집계

(6) 정렬

- `ORDER BY`
- ISBN과 연월 순으로 정렬하여 보기 쉽게 정리

SQL 결과 직접 확인하기

Claude가 만들어준 SQL이 실제로 제대로 작동하는지 확인해보기 위해 DB Browser for SQLite를 실행합니다. 3장에서 만들었던 book_sales_info.db 파일을 더블클릭해서 실행하거나 이 책의 예제 파일에 있는 04/book_sales_info.db 파일을 불러옵니다.

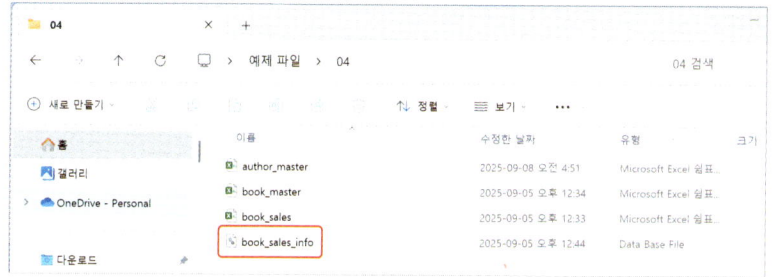

그림 4.19 book_sales_info.db 파일을 더블클릭해서 실행

TIP _ 실습 파일 준비하기

이 책의 예제 파일에 있는 04/book_sales_info.db 파일을 불러오거나, 3장 실습에 이어서 진행한다면 3.2.1항의 'CSV 파일 불러와 테이블 만들기'를 참고하여 author_master.csv를 테이블로 불러옵니다.

DB Browser for SQLite의 상단 메뉴에서 [SQL 실행]을 클릭하고, Claude가 만들어준 SQL 문장을 복사해 붙여넣습니다. 그다음 [실행] 버튼을 누르면 아래와 같이 결과가 표시됩니다.

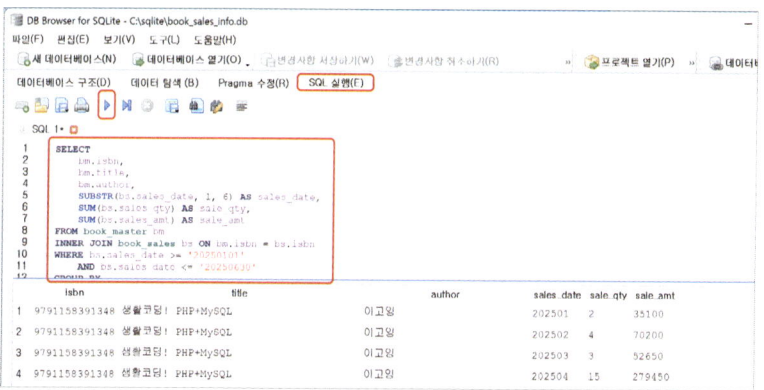

그림 4.20 SQL 결과 직접 확인하기

이렇게 해서 각 도서의 2025년 상반기 월별 판매 실적을 한눈에 파악할 수 있는 데이터가 준비되었습니다. 다음 섹션에서는 이 데이터를 가로 방향으로 펼쳐서 도서별 판매 실적을 한 줄로 살펴볼 수 있도록 피벗 형태로 바꾸는 과정을 살펴보겠습니다.

4.2.2 판매 데이터를 피벗 형태로 바꾸기

앞에서 도서별로 월간 판매 데이터를 구해 SQL로 출력하는 방법을 알아봤습니다. 하지만 그 결과는 아래와 같이 월별 데이터가 행 단위로 나열된 형태로 표시됩니다.

	isbn	title	author	sales_date	sale_qty	sale_amt
1	9791158391348	생활코딩! PHP+MySQL	이고잉	202501	2	35100
2	9791158391348	생활코딩! PHP+MySQL	이고잉	202502	4	70200
3	9791158391348	생활코딩! PHP+MySQL	이고잉	202503	3	52650
4	9791158391348	생활코딩! PHP+MySQL	이고잉	202504	15	279450
5	9791158391348	생활코딩! PHP+MySQL	이고잉	202505	14	255150
6	9791158391348	생활코딩! PHP+MySQL	이고잉	202506	4	75600
7	9791158392383	생활코딩! Node.js 노드제이에스 프로그래밍	이고잉	202501	34	739200

그림 4.21 월별 데이터가 행 단위로 나열

이처럼 데이터가 행마다 따로따로 표시되면 같은 책의 여러 달 실적을 비교할 때 다소 불편할 수 있습니다. 특히 인세 메일을 자동으로 발송하기 위해서는 하나의 책 정보를 한 줄에 정리해 놓은 '가로 방향'의 데이터가 필요합니다. 이처럼 특정 항목을 기준으로 데이터를 펼쳐서 정리한 형태를 '피벗(Pivot)'이라고 합니다.[1]

---

[1] 피벗이란 데이터의 행과 열을 서로 맞바꿔 세로로 길게 나열된 데이터를 가로로 넓게 펼쳐보는 분석 기법을 말합니다.

피벗이 필요한 이유

피벗(Pivot)은 여러 줄로 나뉜 데이터를 한 줄로 묶고, 열(column)을 늘려서 정리하는 방식입니다. 예를 들어 1월부터 6월까지의 판매량을 각각 '1월_판매수량', '2월_판매수량' 등의 열로 나열하면, 하나의 행에 모든 정보를 담을 수 있어 인세 정산 메일을 만들 때 훨씬 편리합니다.

isbn	title	author	1월_판매수량	1월_판매금액	2월_판매수량	2월_판매금액	3월_판매수량	3월_판매금액
1 9791158391348	생활코딩! PHP+MySQL	이고잉	2	35100	4	70200	3	52650
2 9791158392383	생활코딩! Node.js 노드제이에스 프로그래밍	이고잉	34	739200	19	387200	40	883200
3 9791158392666	생활코딩 머신러닝 이론편	이고잉...	2	16900	57	518700	8	68900
4 9791158392673	생활코딩 머신러닝 실습편 with 오렌지 3	이고잉...	5	48750	1	9750	2	19500
5 9791158392994	생활코딩 머신러닝 with 파이썬 ...	이숙번...	4	63600	6	94800	2	32400
6 9791158393014	생활코딩! 아마존 웹 서비스	이고잉	2	65000	0	0	1	17500

그림 4.22 피벗 형태의 데이터

Claude에 요청할 프롬프트

피벗 형태로 변환하기 위해서는 여러 가지 방법이 있지만, 가장 효과적인 접근법은 원하는 결과 형태를 명확하게 지정하여 AI에 요청하는 것입니다. 아래 프롬프트와 같이 구체적인 결과 형태를 제시하면 피벗 테이블 형태의 데이터를 생성하는 SQL을 만들 수 있습니다.

> 2025년 상반기(1월~6월) 동안의 도서별 판매 실적을 집계하는 SQL을 작성해주세요. 최종 결과는 각 도서의 월별 판매 실적과 인세가 하나의 행에 가로로 펼쳐진 형태여야 합니다.
>
> - 조인(결합) 조건: book_master.isbn = book_sales.isbn
> - 기간 조건: book_sales.sales_date가 '20250101'부터 '20250630'까지
> - 그룹 조건: 도서(isbn, title, author) 별로 그룹화
> - 집계 항목: 각 월에 해당하는 판매수량(sale_qty)과 판매금액(sale_amt)의

합계
- **인세 항목:** 판매수량 합계*book_master.price*0.1

[최종 결과 컬럼]
- book_master.isbn
- book_master.title
- book_master.author
- 1월_판매수량 (2025년 1월의 sale_qty 합계)
- 1월_판매금액 (2025년 1월의 sale_amt 합계)
- 2월_판매수량 (2025년 2월의 sale_qty 합계)
- 2월_판매금액 (2025년 2월의 sale_amt 합계)
- 3월_판매수량 (2025년 3월의 sale_qty 합계)
- 3월_판매금액 (2025년 3월의 sale_amt 합계)
- 4월_판매수량 (2025년 4월의 sale_qty 합계)
- 4월_판매금액 (2025년 4월의 sale_amt 합계)
- 5월_판매수량 (2025년 5월의 sale_qty 합계)
- 5월_판매금액 (2025년 5월의 sale_amt 합계)
- 6월_판매수량 (2025년 6월의 sale_qty 합계)
- 6월_판매금액 (2025년 6월의 sale_amt 합계)
- 총판매수량(2025년 1월~6월의 sale_qty 합계)
- 인세(book_master.price*총판매수량*0.1)

이 프롬프트는 book_master 테이블과 book_sales 테이블을 isbn을 기준으로 연결해서 각 도서의 월별 판매 실적을 하나의 행에 가로로 펼쳐서 표시하고 추가로 인세까지 계산합니다. 책 한 권의 상반기 실적 전체를 한눈에 파악할 수 있는 보고서를 만들기 위해 최종 결과 칼럼 형태를 지정함으로써 피벗 형태의 데이터로 변환할 수 있었습니다.

Claude가 생성한 피벗형 SQL 예시

프롬프트에 대한 결과로 Claude는 아래와 같이 월별 판매 수량과 금액을 열로 분리한 SQL 문장을 생성해 주었습니다. 그 결과, 도서별로 하나의 행에 모든 데이터가 포함된 구조가 완성됩니다.

```sql
SELECT
    bm.isbn,
    bm.title,
    bm.author,
    SUM(CASE WHEN SUBSTR(bs.sales_date, 1, 6) = '202501' THEN bs.sales_qty ELSE 0 END) AS '1월_판매수량',
    SUM(CASE WHEN SUBSTR(bs.sales_date, 1, 6) = '202501' THEN bs.sales_amt ELSE 0 END) AS '1월_판매금액',
    SUM(CASE WHEN SUBSTR(bs.sales_date, 1, 6) = '202502' THEN bs.sales_qty ELSE 0 END) AS '2월_판매수량',
    SUM(CASE WHEN SUBSTR(bs.sales_date, 1, 6) = '202502' THEN bs.sales_amt ELSE 0 END) AS '2월_판매금액',
    SUM(CASE WHEN SUBSTR(bs.sales_date, 1, 6) = '202503' THEN bs.sales_qty ELSE 0 END) AS '3월_판매수량',
    SUM(CASE WHEN SUBSTR(bs.sales_date, 1, 6) = '202503' THEN bs.sales_amt ELSE 0 END) AS '3월_판매금액',
    SUM(CASE WHEN SUBSTR(bs.sales_date, 1, 6) = '202504' THEN bs.sales_qty ELSE 0 END) AS '4월_판매수량',
    SUM(CASE WHEN SUBSTR(bs.sales_date, 1, 6) = '202504' THEN bs.sales_amt ELSE 0 END) AS '4월_판매금액',
    SUM(CASE WHEN SUBSTR(bs.sales_date, 1, 6) = '202505' THEN bs.sales_qty ELSE 0 END) AS '5월_판매수량',
    SUM(CASE WHEN SUBSTR(bs.sales_date, 1, 6) = '202505' THEN bs.sales_amt ELSE 0 END) AS '5월_판매금액',
```

```sql
    SUM(CASE WHEN SUBSTR(bs.sales_date, 1, 6) = '202506' THEN
bs.sales_qty ELSE 0 END) AS '6월_판매수량',
    SUM(CASE WHEN SUBSTR(bs.sales_date, 1, 6) = '202506' THEN
bs.sales_amt ELSE 0 END) AS '6월_판매금액',
    SUM(bs.sales_qty) AS '총판매수량',
    (bm.price * SUM(bs.sales_qty) * 0.1) AS '인세'
FROM book_master bm
INNER JOIN book_sales bs ON bm.isbn = bs.isbn
WHERE bs.sales_date >= '20250101'
    AND bs.sales_date <= '20250630'
GROUP BY
    bm.isbn,
    bm.title,
    bm.author,
    bm.price
ORDER BY
    bm.isbn;
```

피벗 쿼리의 구조 이해하기

앞의 SQL 문장은 처음 보면 복잡해 보일 수 있습니다. 하지만 핵심은 단순합니다. 207쪽에 있는 SQL에서 SUM(bs.sales_qty) 구문을 월별 조건을 붙여 분기한 형태로 바꿨을 뿐입니다. 예를 들어 다음 구문은 2025년 1월의 판매 수량을 구합니다.

```sql
SUM(CASE WHEN SUBSTR(bs.sales_date, 1, 6) = '202501' THEN bs.sales_qty
    ELSE 0 END) AS '1월_판매수량',
```

이 SQL 문장을 설명하면 다음과 같습니다.

(1) 연월 추출

- `SUBSTR(bs.sales_date, 1, 6)`
- 판매 일자에서 앞 여섯 자리(연월, YYYYMM)를 추출

(2) 조건 분기

- `CASE WHEN ... THEN ... ELSE 0 END`
- 조건에 맞는 값만 남기고 나머지는 0
- '만약에…'라고 해석하면 되는 부분입니다. 예시에서는 판매일자의 연월 추출 값이 '202501'인 경우만 판매수량(sales_qty)을 합계에 사용합니다.

(3) 합계

- `SUM(...)`
- 최종적으로 해당 월의 값을 모두 더함

이러한 방식으로 각 월의 데이터를 모두 구해, 최종적으로 도서별로 한 줄로 정리된 판매 데이터를 조회할 수 있습니다.

중요한 건 완벽한 이해보다 결과 확인

SQL 문법이 익숙하지 않아도 괜찮습니다. 중요한 것은 원하는 결과가 나왔는지를 확인하고, 필요시 Claude에 "이 부분만 고쳐줘"라고 명확히 요청할 수 있는 역량입니다.

이번 절에서는 SQL의 구조와 의미를 최대한 쉽게 설명했지만, 실무에서는 결과가 잘 나오는지만 확인해도 충분합니다. 이어서 이 피벗 데이터를 기반으로 인세 정보를 추가하는 방법을 알아보겠습니다.

4.2.3 인세 지급 정보 포함하기

앞서 4.2.2항에서는 도서별 월별 판매 데이터를 피벗 형태로 정리하고, 판매 수량과 금액을 기준으로 인세를 계산하는 SQL을 완성했습니다. 이번에는 여기에 저자의 메일 주소, 계좌번호, 수령인 정보 등 인세 지급에 필요한 저자 정보를 추가하여, 최종적으로 메일 발송용 데이터를 구성하는 과정을 살펴보겠습니다.

실습을 위해서 저자 인세 정보가 담긴 author_master.csv 파일을 내려받아야 합니다. 데이터베이스 구축을 위해 도서 예제 페이지에서 아래의 CSV 파일을 다운로드합니다.

- 도서 일별 판매 수량: book_sales.csv

앞에서 다룬 CSV 불러오기 방식과 동일하게 DB Browser for SQLite를 통해 이 파일을 테이블로 변환합니다. 해당 방법은 3.2절에서 상세히 설명했으니, 동일한 절차로 author_master 테이블을 생성하면 됩니다.

SQL 프롬프트 요청 방식

테이블이 준비되었으면, 기존에 작성한 판매 정보 기반 SQL에 author_master 테이블의 정보를 결합해야 합니다. Claude에 다음과 같이 요청합니다.

- 아래 [SQL]에 author_master 테이블에 있는 [추가칼럼]을 추가하는 SQL문을 작성해주세요.　　　　　　--- (1)

- author_master 테이블의 isbn 칼럼과 book_master 테이블의 isbn 칼럼이
같은 값을 가지고 있습니다.   --- (2)

[추가칼럼]   --- (3)

main_author, main_author_mail, jumin_num, bank_num, rep,

[SQL]   --- (4)

```
SELECT
    bm.isbn,
    bm.title,
    bm.author,
    SUM(CASE WHEN SUBSTR(bs.sales_date, 1, 6) = '202501' THEN bs.sales_qty ELSE 0 END) AS '1월_판매수량',
    .
    .
    SUM(bs.sales_qty) AS '총판매수량',
    (bm.price * SUM(bs.sales_qty) * 0.1) AS '인세'
FROM book_master bm
INNER JOIN book_sales bs ON bm.isbn = bs.isbn
WHERE bs.sales_date >= '20250101'
    AND bs.sales_date <= '20250630'
GROUP BY
    bm.isbn,
    bm.title,
    bm.author,
    bm.price
ORDER BY
    bm.isbn;
```

먼저 기존 [SQL]에 author_master 테이블에 있는 **(1)** [추가칼럼] 추가를 요청하고, author_master와 book_master 테이블의 **(2)** 조인(연결) 조건을 지정했습니다. 이어서 author_master 테이블에서 **(3)** 추가할 칼럼명을 지정하고, 4.2.2에서 최종 생성한 **(4)** SQL 문장을 추가했습니다.

Claude가 생성한 SQL 결과

Claude는 위 프롬프트를 바탕으로 다음과 같은 SQL을 반환했습니다.

```sql
SELECT
    bm.isbn,
    bm.title,
    bm.author,
    am.main_author,
    am.main_author_mail,
    am.jumin_num,
    am.bank_num,
    am.rep,
    SUM(CASE WHEN SUBSTR(bs.sales_date, 1, 6) = '202501' THEN bs.sales_qty ELSE 0 END) AS '1월_판매수량',
    SUM(CASE WHEN SUBSTR(bs.sales_date, 1, 6) = '202501' THEN bs.sales_amt ELSE 0 END) AS '1월_판매금액',
    SUM(CASE WHEN SUBSTR(bs.sales_date, 1, 6) = '202502' THEN bs.sales_qty ELSE 0 END) AS '2월_판매수량',
    SUM(CASE WHEN SUBSTR(bs.sales_date, 1, 6) = '202502' THEN bs.sales_amt ELSE 0 END) AS '2월_판매금액',
    SUM(CASE WHEN SUBSTR(bs.sales_date, 1, 6) = '202503' THEN bs.sales_qty ELSE 0 END) AS '3월_판매수량',
    SUM(CASE WHEN SUBSTR(bs.sales_date, 1, 6) = '202503' THEN
```

```sql
           bs.sales_amt ELSE 0 END) AS '3월_판매금액',
       SUM(CASE WHEN SUBSTR(bs.sales_date, 1, 6) = '202504' THEN
           bs.sales_qty ELSE 0 END) AS '4월_판매수량',
       SUM(CASE WHEN SUBSTR(bs.sales_date, 1, 6) = '202504' THEN
           bs.sales_amt ELSE 0 END) AS '4월_판매금액',
       SUM(CASE WHEN SUBSTR(bs.sales_date, 1, 6) = '202505' THEN
           bs.sales_qty ELSE 0 END) AS '5월_판매수량',
       SUM(CASE WHEN SUBSTR(bs.sales_date, 1, 6) = '202505' THEN
           bs.sales_amt ELSE 0 END) AS '5월_판매금액',
       SUM(CASE WHEN SUBSTR(bs.sales_date, 1, 6) = '202506' THEN
           bs.sales_qty ELSE 0 END) AS '6월_판매수량',
       SUM(CASE WHEN SUBSTR(bs.sales_date, 1, 6) = '202506' THEN
           bs.sales_amt ELSE 0 END) AS '6월_판매금액',
       SUM(bs.sales_qty) AS '총판매수량',
       (bm.price * SUM(bs.sales_qty) * 0.1) AS '인세'
FROM book_master bm
INNER JOIN book_sales bs ON bm.isbn = bs.isbn
LEFT JOIN author_master am ON bm.isbn = am.isbn
WHERE bs.sales_date >= '20250101'
   AND bs.sales_date <= '20250630'
GROUP BY
    bm.isbn,
    bm.title,
    bm.author,
    bm.price,
    am.main_author,
    am.main_author_mail,
    am.jumin_num,
    am.bank_num,
    am.rep
ORDER BY
    bm.isbn;
```

이번에 완성된 SQL은 213쪽에서 설명한 피벗 형태의 판매 데이터 SQL과 기본 구조는 같지만, 다음과 같은 점이 달라졌습니다.

(1) JOIN 방식 추가

- `LEFT JOIN author_master am ON bm.isbn = am.isbn`
- book_master와 author_master 테이블을 isbn을 기준으로 LEFT JOIN 방식으로 연결했습니다. LEFT JOIN을 사용하면 author_master에 정보가 없는 도서라도 판매 정보는 누락되지 않고 결과에 포함됩니다.

(2) SELECT 절 확장

- `am.main_author,`
  `am.main_author_mail,`
  `am.jumin_num,`
  `am.bank_num,`
  `am.rep`
- author_master의 주요 칼럼 다섯 가지가 SELECT 절에 추가되었습니다. 이 항목들은 메일 발송 시 사용됩니다.

(3) GROUP BY 절 확장

- `am.main_author,`
  `am.main_author_mail,`
  `am.jumin_num,`
  `am.bank_num,`
  `am.rep`
- SQL에서는 SELECT 절에 있는 대부분의 항목을 GROUP BY 절에도 포함해야 하므로 새로 추가된 저자 정보 항목도 함께 추가됐습니다.

여기서 완성한 SQL만 단독으로 본다면, 분명 길이도 길고 각종 조건이 복잡해 보일 수 있습니다. 초보자는 물론 데이터베이스에 익숙한 사람도 한눈에 이해하기가 쉽지 않을 수 있습니다. 하지만 앞에서 진행한 4.2.1의 월별 판매 집계, 4.2.2의 피벗 변환, 그리고 이번 4.2.3의 인세 지급 정보 추가 과정을 다시 돌아보면, 각각의 단계는 비교적 단순한 문제를 해결해 나가는 과정이었다는 것을 알 수 있습니다.

이처럼 SQL을 잘 다루는 능력보다 더 중요한 것은 업무 흐름을 논리적인 단계로 나누고, 각 단계에 필요한 데이터를 정확하게 정의하고 요청할 수 있는 사고력입니다. Claude와 같은 AI 도구는 우리가 이 과정을 하나씩 잘게 쪼개어 설명할 때 가장 정확한 결과를 만들어 줍니다. 처음부터 완벽한 SQL을 한 번에 만들려고 하기보다는 원하는 결과를 향해 한 걸음씩 구조를 확장해 나가자는 것이 이 절에서 전달하고자 하는 핵심입니다.

4.3 메일 자동 발송 템플릿 만들기

앞에서 작성한 SQL을 이용해 도서별 인세 데이터를 조회하는 데 성공했다면, 이제 그 데이터를 기반으로 인세 정산 메일을 자동으로 발송하는 시스템을 만들어보겠습니다. 이 시스템은 구글 스프레드시트를 활용해 구축하며, 사용자는 체크박스를 클릭하는 것만으로도 수십 명의 저자에게 자동으로 메일을 보낼 수 있습니다.

이러한 자동화 과정은 전통적인 방식이라면 꽤 복잡한 프로그래밍 작업을 필요로 했지만, 여기서는 Claude나 Gemini와 같은 생성형 AI를 활용한

'바이브 코딩(Vibe Coding)' 방식으로 진행합니다. 원하는 동작을 자연어로 설명하고, 그에 맞는 코드를 AI가 작성해주는 흐름이기 때문에 프로그래밍 경험이 많지 않아도 충분히 따라올 수 있을 것입니다.

AI의 응답은 항상 동일하지 않습니다

한 가지 유의해야 할 점은, AI에 같은 프롬프트를 반복 입력하더라도 매번 동일한 결과가 나오는 것은 아니라는 것입니다. 생성형 AI는 질문의 맥락, 문장의 뉘앙스, 그리고 이전 대화에 따라 조금씩 다른 코드를 제안하기도 합니다.

따라서 이 장에서 소개하는 실습을 그대로 따라 하더라도 코드가 책의 내용과 다르거나 처음에는 제대로 작동하지 않을 수도 있습니다. 이럴 때는 당황하지 말고, Claude에 다시 설명하거나 원하는 수정사항을 명확하게 추가 요청하면 됩니다.

실습 목표

이번 절에서는 다음과 같은 작업을 차례로 수행해보겠습니다.

- 구글 스프레드시트에 조회한 인세 데이터를 입력
- 저자에게 보낼 메일 템플릿을 구성
- Apps Script를 활용해 메일을 자동으로 발송하는 프로그램을 구현

모든 과정은 AI의 도움을 받되, 사용자가 핵심 흐름과 기능을 이해하며 직접 구성해보는 것에 초점을 두겠습니다. 중요한 것은 '이 시스템이 어떤

흐름으로 작동하는지'를 이해하는 것이며, 그런 감각이 생기면 다양한 실무 자동화 작업에도 응용할 수 있습니다.

4.3.1 데이터를 조회해서 구글 스프레드 문서 만들기

자동 메일 발송 시스템을 만들기 위해서는 먼저 인세 데이터를 구글 스프레드시트에 가져와야 합니다. 앞서 만든 데이터베이스 파일(book_sales_info.db)을 기반으로, 판매 실적과 인세 정보를 조회하고 이를 시트로 정리해보겠습니다.

01. 먼저 직접 생성한 데이터베이스 파일을 클릭하거나 도서 홈페이지에서 내려받은 book_sales_info.db 파일을 더블클릭해서 DB Browser for SQLite 프로그램을 실행합니다.

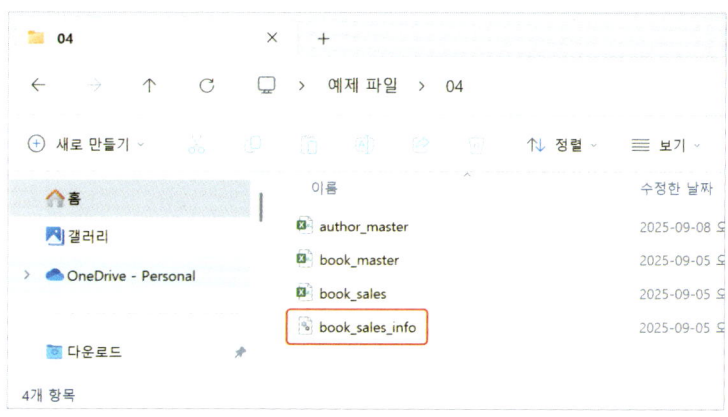

그림 4.23 DB Browser for SQLite 실행

02. 프로그램이 열리면 상단 메뉴에서 [SQL 실행]을 클릭하고, 4.2.3항에서 완성한 SQL 코드를 붙여넣습니다. 이후 [실행] 버튼을 누르면 결과가 하단에 표시됩니다.

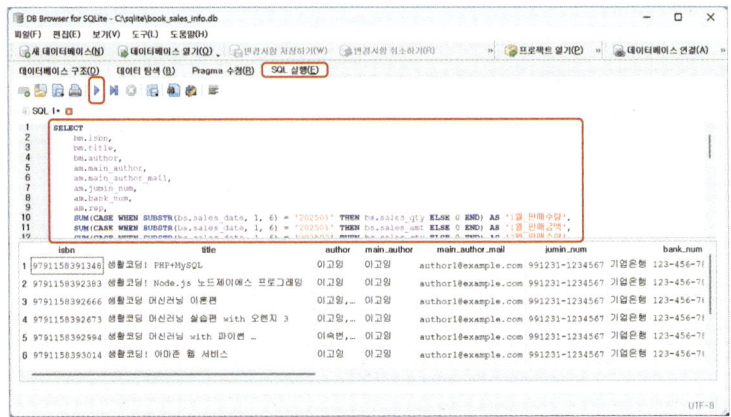

그림 4.24 SQL 실행하기

03. 결과가 제대로 나왔다면, [전체 선택] 버튼을 클릭한 다음 마우스 오른쪽 버튼을 클릭합니다. 팝업 메뉴에서 [헤더 포함 복사하기]를 선택해 데이터와 칼럼명을 함께 복사합니다.

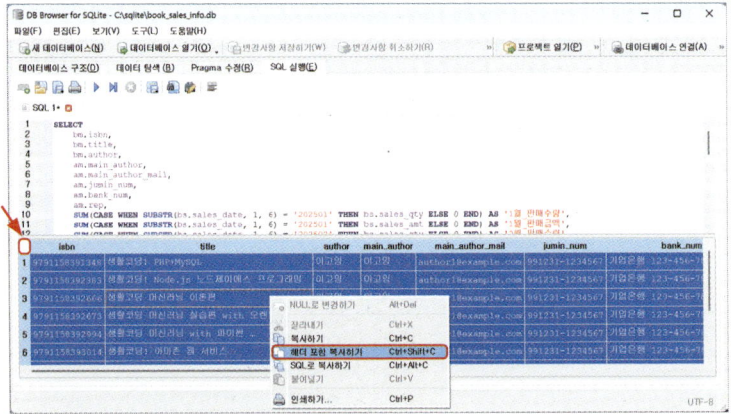

그림 4.25 데이터를 헤더 포함 복사하기

04. 구글 스프레드시트에서 새로운 문서를 만들고, 첫 번째 시트에 복사한 내용을 그대로 붙여넣습니다. 표가 정상적으로 붙여졌다면 문서 이름을 '인세 메일 자동 발송'으로 바꾸고, 시트 이름도 'royalty'로 변경합니다.

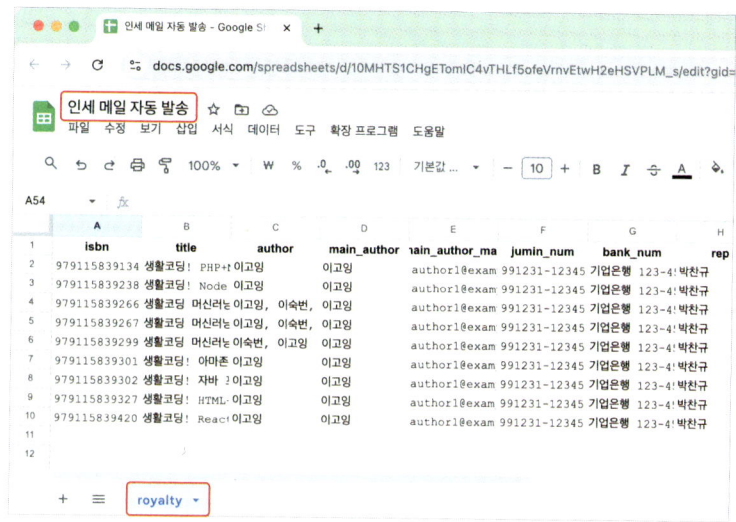

그림 4.26 구글 스프레드시트에서 royalty 시트 만들기

이제 인세 데이터를 담은 구글 시트가 준비됐습니다. 다음 단계에서는 이 데이터를 기반으로 메일 템플릿을 구성해보겠습니다.

4.3.2 메일 템플릿 만들기

앞서 만든 royalty 시트에는 저자별 인세 데이터가 저장되어 있습니다. 이제는 이 데이터를 활용해 실제로 발송할 메일의 틀, 즉 템플릿을 만들어야 할 차례입니다. 이 템플릿은 mail-temp라는 이름의 새 시트에 작성합니다.

텍스트 메일 템플릿 작성

01. '인세 메일 자동 발송' 스프레드시트에서 [시트 추가] 버튼을 클릭해 새로운 시트를 만들고 시트 이름을 'mail-temp'로 변경합니다.

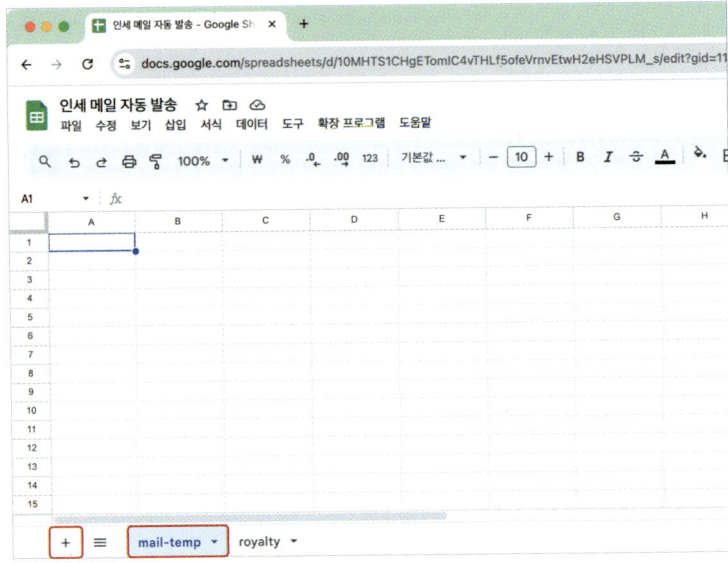

그림 4.27 구글 스프레드시트에서 mail-temp 시트 만들기

02. A1 셀에 '인세 지급 메일'이라고 입력하고, B1 셀에 아래와 같은 메일 본문을 입력합니다. 이 메일은 저자에게 인세 지급 관련 사항을 안내하는 내용으로, 플레이스홀더(예: tot_royalty, book_title 등)는 각 저자에게 맞는 실제 값으로 자동 치환됩니다. (원활한 실습을 위해서 우선은 아래 내용 그대로 입력하기 바랍니다.)

안녕하세요. 위키북스 출판사 정산 담당자입니다.

2025년 상반기 전자책 판매 내역을 정리했습니다.

이번에 인세로 총 tot_royalty 원을 지급해드릴 수 있을 것 같은데요,
아래 계좌번호가 맞는지 확인해주시면 인세를 송금해드리겠습니다.
좋은 책을 집필해주셔서 다시 한번 감사드립니다.

고맙습니다. :)

[도서 기본 정보]

ISBN : ebook_isbn
도서명 : book_title

[2025 상반기 판매내역(수량 / 금액)]

1월 : (1_qty / 1_amt)
2월 : (2_qty / 2_amt)
3월 : (3_qty / 3_amt)
4월 : (4_qty / 4_amt)
5월 : (5_qty / 5_amt)
6월 : (6_qty / 6_amt)

[2025 정산내역]

총 판매금액 : tot_amt
인세 지급액 : tot_royalty

[계좌 번호]

bank_num

[참고 사항]

* 인세 지급액은 총 판매금액의 25% 금액으로, 사업소득세 3.3%를 공제하고 계좌로 입금됩니다.
* 여러 명의 저자가 있을 경우 요청한 비율에 따라서 인세가 분할 지급됩니다.

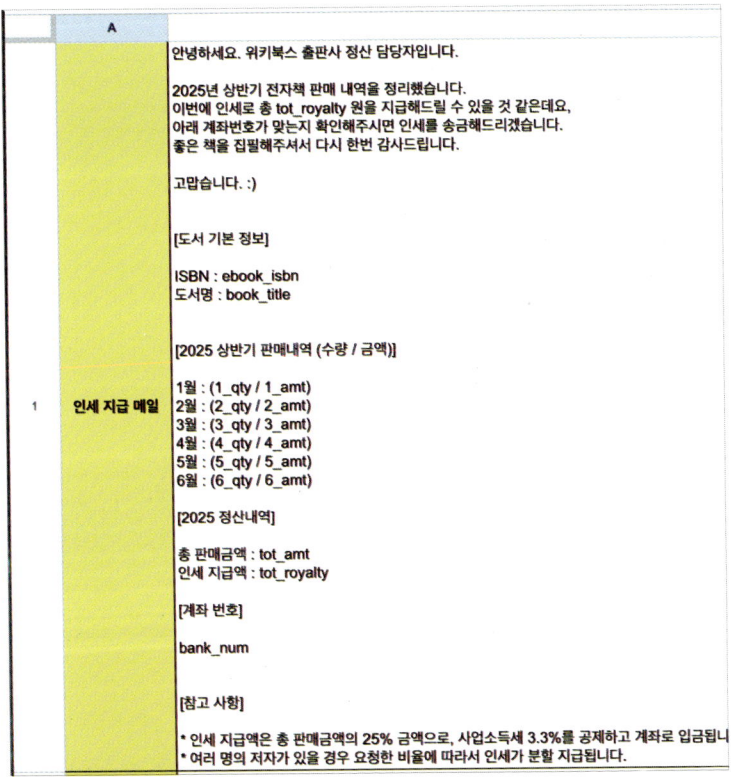

그림 4.28 텍스트 메일 템플릿 작성

HTML 템플릿으로 변환하기

텍스트만으로도 메일을 발송할 수 있지만, 표나 강조 등의 시각적 표현이 없어 아쉽습니다. 이를 보완하기 위해 Claude를 이용해서 훨씬 깔끔하고 전문적인 느낌을 줄 수 있는 HTML 형식의 메일로 만들어보겠습니다.

01. Claude에 앞에서 만든 텍스트 내용을 복사해 붙여 넣고 다음과 같이 HTML 파일 작성을 요청합니다.

> 다음 데이터를 HTML 형태의 메일로 보내려고 합니다. 가장 최소한의 표준적인 HTML문법을 사용해서 재구성해주세요
>
> ===
>
> 안녕하세요. 위키북스 출판사 정산 담당자입니다.
>
> 2025년 상반기 전자책 판매 내역을 정리했습니다.
> 이번에 인세로 총 tot_royalty 원을 지급해드릴 수 있을 것 같은데요,
> 아래 계좌번호가 맞는지 확인해주시면 인세를 송금해드리겠습니다.
> 좋은 책을 집필해주셔서 다시 한번 감사드립니다.
>
> 고맙습니다. :)
>
> ·
> ·
> ·

02. 프롬프트 입력 결과로 오른쪽에 AI가 생성한 HTML 결과물이 나타나며, [복사] 버튼을 눌러 복사할 수 있습니다.

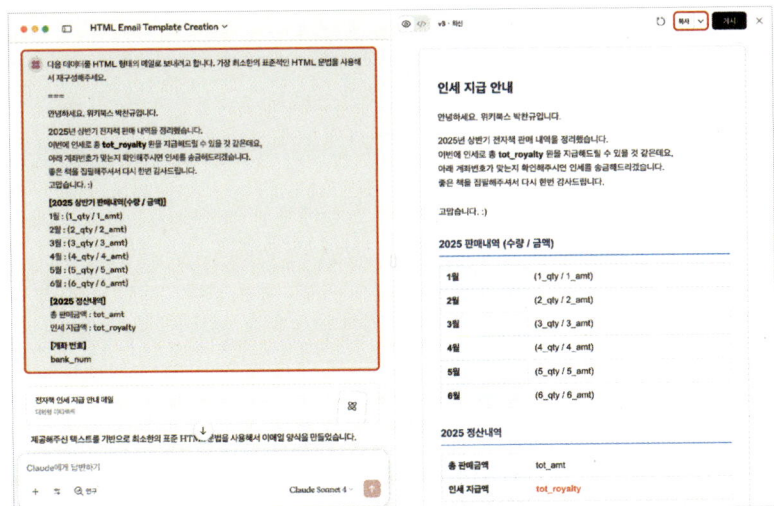

그림 4.29 Claude에 HTML 생성 요청하기

03. B1 셀에 '인세 지급 메일(HTML버전)'이라고 입력하고, HTML 코드를 mail-temp 시트의 B2 셀에 그대로 붙여넣으면, HTML 메일 템플릿 구성이 완료됩니다.

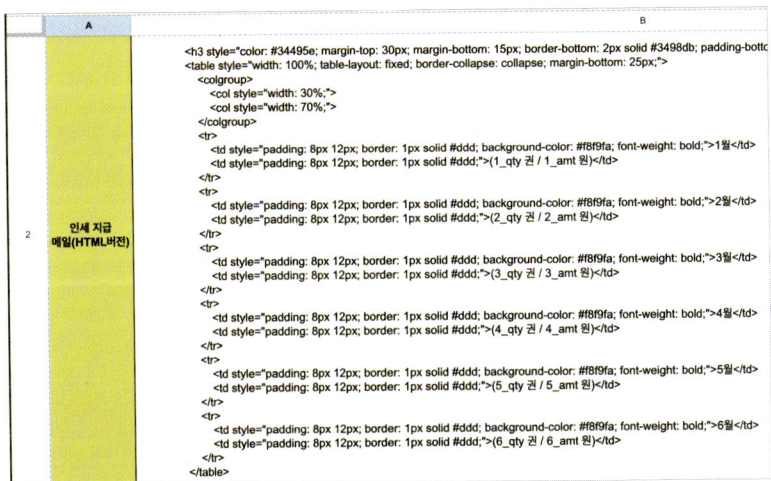

그림 4.30 구글 스프레드시트에 HTML 메일 템플릿 붙여넣기

다음 단계에서는 이 템플릿과 royalty 시트를 연결하여, 저자별로 메일을 자동으로 생성하고 발송하는 기능을 구현해보겠습니다.

4.3.3 메일 자동 발송 프로그램 구현하기

지금까지 메일에 담길 데이터를 준비하고 템플릿도 구성했습니다. 이제 남은 작업은 이 데이터를 바탕으로 실제로 메일을 자동으로 발송하는 기능을 구현하는 것입니다.

발송용 칼럼 구성하기

01. 우선 royalty 시트의 W, X, Y, Z 열에 다음과 같이 항목을 추가합니다.

    - W1: 메일 제목
    - X1: 메일 본문
    - Y1: 메일 발송 여부 (체크박스 사용)
    - Z1: 발송 상태 표시

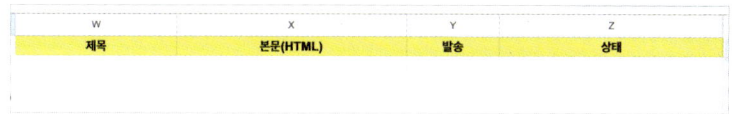

그림 4.31 royalty 시트에 발송용 칼럼 구성

02. Y 열 본문에는 상단 메뉴에서 [삽입] – [체크박스]를 선택하여 체크박스를 넣습니다.

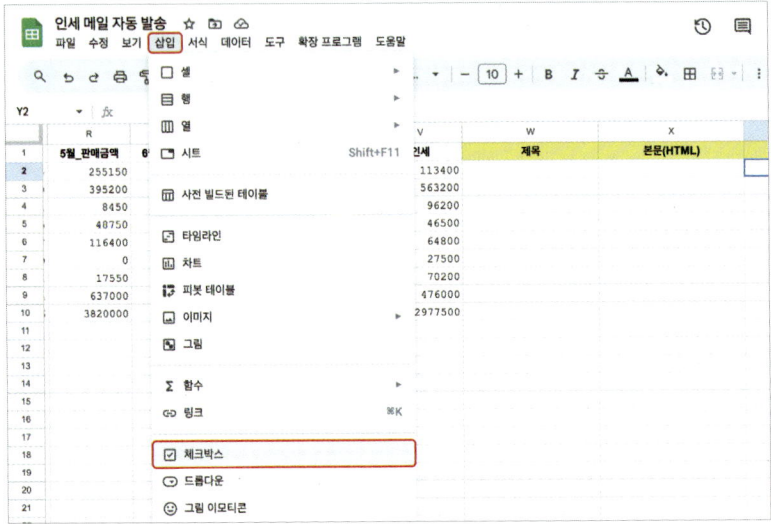

그림 4.32 Y 열에 체크박스 추가

제목 만들기

제목이 저장되는 W 열에는 다음과 같은 함수를 사용하여 각 저자별로 개인화된 메일 제목을 생성합니다.

=SUBSTITUTE("xxx 님 안녕하세요. 2025년 상반기 전자책 인세 정산 내역 관련해서 메일 드립니다.", "xxx", $C2)

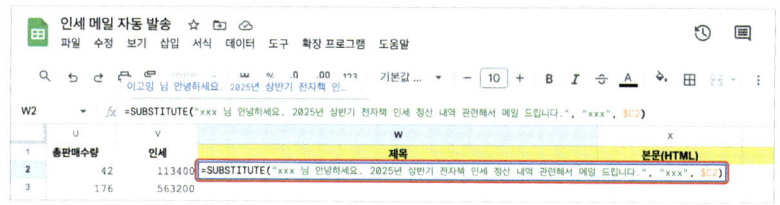

그림 4.33 W 열에 개인화된 제목 생성하기

SUBSTITUTE() 함수는 텍스트 안에서 특정 문자열을 원하는 값으로 바꿔주는 함수이며, 기본 구조는 아래와 같습니다.

=SUBSTITUTE(원본 텍스트, 찾을 문자열, 바꿀 문자열)

즉, 위 함수는 다음과 같은 방식으로 동작합니다.

- **원본 텍스트**: "xxx 님 안녕하세요. 2025년 상반기 전자책 인세 정산 내역 관련해서 메일 드립니다."
- **찾을 문자열**: "xxx"
- **바꿀 문자열**: C2 셀의 값 (절대참조 $C2)

예를 들어 C2 셀에 '이고잉'이라는 이름이 있다면, 함수의 결과는 다음과 같이 생성됩니다.

이고잉 님 안녕하세요. 2025년 상반기 전자책 인세 정산 내역 관련해서 메일 드립니다.

이렇게 하면 각각의 저자에게 개인화된 제목을 자동으로 만들어낼 수 있어, 반복적인 작업 시간을 크게 줄일 수 있습니다.

본문 만들기

메일의 본문 역시 저자별로 자동 생성되도록 구성합니다. X 열에는 다음과 같은 LET() 함수를 입력합니다.

```
=LET(
  template, 'mail-temp'!$B$2,
  step1, SUBSTITUTE(template, "tot_royalty", $V2),
  step2, SUBSTITUTE(step1, "ebook_isbn", $A2),
  step3, SUBSTITUTE(step2, "book_title", $B2),
  step4, SUBSTITUTE(step3, "1_qty", $I2),
  step5, SUBSTITUTE(step4, "1_amt", $J2),
  step6, SUBSTITUTE(step5, "2_qty", $K2),
  step7, SUBSTITUTE(step6, "2_amt", $L2),
  step8, SUBSTITUTE(step7, "3_qty", $M2),
  step9, SUBSTITUTE(step8, "3_amt", $N2),
  step10, SUBSTITUTE(step9, "4_qty", $O2),
  step11, SUBSTITUTE(step10, "4_amt", $P2),
  step12, SUBSTITUTE(step11, "5_qty", $Q2),
  step13, SUBSTITUTE(step12, "5_amt", $R2),
  step14, SUBSTITUTE(step13, "6_qty", $S2),
  step15, SUBSTITUTE(step14, "6_amt", $T2),
  step16, SUBSTITUTE(step15, "tot_amt", $U2),
  SUBSTITUTE(step16, "bank_num", $G2)
)
```

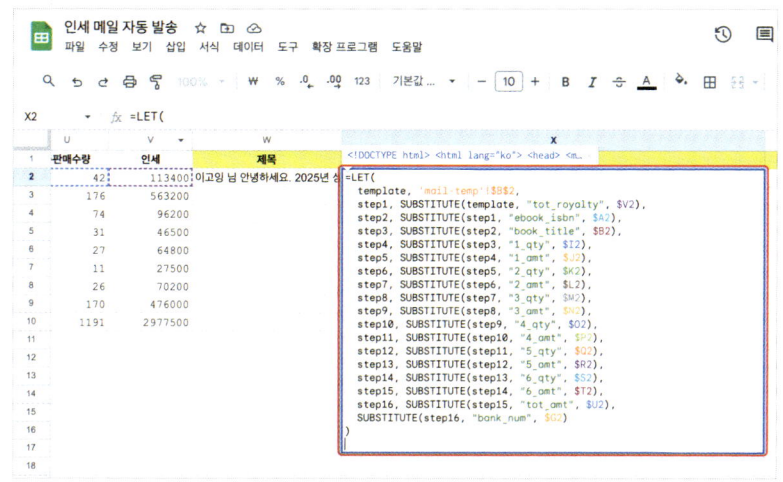

그림 4.34 X 열에 개인화된 본문 생성하기

LET() 함수는 한 번 정의한 값을 여러 번 재사용할 수 있도록 하는 함수입니다. 일반적으로 SUBSTITUTE() 함수를 여러 번 중첩해서 사용하면 가독성이 떨어지고 수정하기도 어렵습니다. 이런 상황에서 LET()을 사용하면 중간 값을 단계적으로 저장하면서 보다 읽기 쉬운 구조로 만들 수 있습니다.

기본 구조는 다음과 같습니다.

=LET(변수1, 값1, 변수2, 값2, …, 최종 계산식)

위 예시에서는 template이라는 변수에 템플릿 본문('mail-temp'!$B$2)을 저장한 후, 여러 개의 SUBSTITUTE()를 통해 하나씩 플레이스홀더를 실제 값으로 바꿔갑니다. SUBSTITUTE로 바꾸는 항목은 다음과 같습니다.

- "tot_royalty" → V2 셀 값 (총 인세)
- "ebook_isbn" → A2 셀 값 (전자책 ISBN)
- "book_title" → B2 셀 값 (도서명)
- "1_qty" ~ "6_amt" → I2~T2 셀 값 (월별 판매 수량 및 금액)
- "tot_amt" → U2 셀 값 (총 판매금액)
- "bank_num" → G2 셀 값 (계좌번호)

즉, mail-temp 시트에 저장된 템플릿에 포함된 플레이스홀더들이 저자별 실제 데이터로 자동 치환되면서 메일 본문을 한 줄의 함수로 완성할 수 있습니다. 이 과정을 통해 저자별 메일을 수작업 없이도 빠르고 정확하게 작성할 수 있습니다.

> **TIP _ LET 함수 자세히 알아보기**
>
> 다음은 ChatGPT에 "LET 함수를 이해하지 못했다"고 질문했을 때의 답변입니다. 답변을 읽으면서 LET 함수의 개념을 조금 더 깊이 이해해 보세요.
>
> 좋아요, LET 함수에 대한 설명을 더 쉽게 설명해볼게요.
>
> **LET 함수란?**
>
> LET() 함수는 엑셀에서 어떤 값을 미리 저장해두고, 그걸 여러 번 사용할 수 있게 해주는 함수입니다. 프로그래밍으로 치면 '변수'를 선언해서 쓰는 것과 비슷합니다. 예를 들어 볼게요.
>
> ```
> =LET(x, 10, y, 20, x + y)
> ```
>
> 이 함수는 이렇게 읽을 수 있어요.
>
> - x라는 이름에 10을 저장해두고,
> - y라는 이름에 20을 저장해두고,
> - 마지막으로 x + y를 계산해줘 → 결과는 30이 됩니다.

본문 만들기에 LET을 쓰는 이유

메일 본문을 만들 때는, 템플릿에 있는 여러 개의 단어(플레이스홀더)를 하나씩 실제 값으로 바꿔줘야 해요. 예를 들면 이런 거죠.

- tot_royalty → 1,320,000원
- book_title → 인공지능 입문
- bank_num → 3333-01-1234567

그런데 이런 치환 작업이 15개, 20개까지 많아지면 SUBSTITUTE()를 계속 중첩해서 쓰면 엄청 길고 보기 어려운 수식이 됩니다. 예를 들어 이런 식이죠. 눈으로 보기도 복잡하고, 수정도 어렵습니다.

=SUBSTITUTE(SUBSTITUTE(SUBSTITUTE(... , "book_title", B2), "tot_amt", U2), "bank_num", G2)

LET을 쓰면 어떻게 달라지나요?

LET을 쓰면 하나하나의 치환 결과를 저장해두고, 그걸 이어서 차곡차곡 바꿔나갈 수 있어요. 중간 결과를 step1, step2 식으로 저장하면서 무엇을 바꾸는지 쉽게 확인할 수 있고, 수정도 한 줄만 바꾸면 돼서 훨씬 편리합니다.

=LET(
  template, 'mail-temp'!$B$2,   ← 먼저 템플릿 본문을 불러오고
  step1, SUBSTITUTE(template, "tot_royalty", $V2),
                     ↑ tot_royalty를 실제 인세로 바꾸고
  step2, SUBSTITUTE(step1, "book_title", $B2),
                     ↑ book_title을 실제 제목으로 바꾸고
  ...
  SUBSTITUTE(stepN, "bank_num", $G2) ← 마지막까지 치환 완료!
)

한 줄 요약

LET() 함수는 복잡한 수식 안에서 중간 값을 저장해두고, 차례차례 계산할 수 있게 도와주는 함수입니다. 특히 SUBSTITUTE처럼 반복되는 함수에는 정말 유용합니다.

자동 발송 프로그램 작성하기

지금까지 만든 메일 제목과 본문을 실제로 발송하려면 구글 스프레드시트에 메일 발송을 위한 프로그램(앱스 스크립트)을 작성해야 합니다. 이 과정은 Claude.ai나 Gemini 2.5 같은 AI 도구를 활용해서 코드를 생성하는 바이브 코딩 방식으로 진행할 수 있습니다.

자동 발송 프로그램은 단 한 번의 프롬프트로 완성하기 어렵습니다. 실제로는 여러 번의 시도와 실패, 반복적인 수정 과정을 거쳐야 안정적으로 동작하는 코드를 만들 수 있습니다. 이 책에서는 그 과정에 발생한 프롬프트와 결과를 자세히 설명하지는 않습니다. 같은 질문을 하더라도 AI의 응답이 달라지는 경우가 많기 때문에 그 전 과정을 모두 정리하는 건 실용적인 방법이 아니기 때문입니다.

중요한 것은 전체 흐름을 이해하고 어떤 구조로 프로그램이 만들어졌는지를 파악하는 것입니다. 실제로 저자는 다음과 같은 프롬프트를 이용해 메일 자동 발송용 앱스 스크립트를 만들었습니다. Claude와 Gemini에서 만든 코드를 테스트했고, 여러 번의 수정 끝에 원하는 기능이 정상으로 작동하는 코드를 얻을 수 있었습니다.

> 다음과 같은 조건으로 메일을 발송하는 구글 앱스 스크립트 코드를 만들어 주세요. Y 칼럼이 체크가 되면 메일이 발송이 되고, 발송 완료 후 체크 상태가 해제돼야 합니다.
>
> - E 칼럼 : 받는 사람 메일 주소
> - W 칼럼 : 메일 제목
> - X 칼럼 : 메일 본문

- Y 칼럼 : 발송 여부
- Z 칼럼 : 메일 상태

TIP _ 구글 앱스 스크립트란?

구글 앱스 스크립트(Google Apps Script)는 구글 스프레드시트, 문서, Gmail 같은 구글 서비스에 자동화 기능을 추가할 수 있는 자바스크립트 기반의 도구입니다. 복잡한 프로그래밍 환경 없이도 버튼 클릭, 체크박스, 시간 예약 등을 활용해 자동 이메일 발송, 데이터 처리, 보고서 생성 같은 작업을 쉽게 자동화할 수 있습니다.

AI가 작성한 코드를 스프레드시트에 적용하려면 다음 단계를 따라 진행합니다.

01. 먼저 구글 스프레드시트 메뉴에서 [확장 프로그램] – [Apps Script]를 클릭합니다.

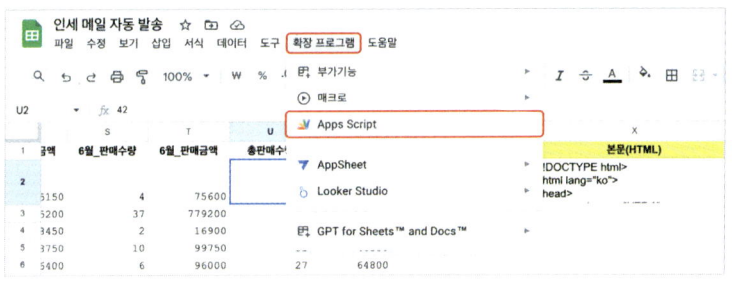

그림 4.35 구글 스프레드시트에서 Apps Script 창 열기

02. 스크립트 편집기 창이 열리면 기본으로 입력된 function myFunction() 코드를 삭제하고, AI가 제공한 코드 또는 이 책에서 제공하는 mailSendCode.txt 파일의 내용을 복사해서 붙여넣습니다. 코드를 붙여넣은 후에는 상단의 [저장] 버튼을 클릭합니다.

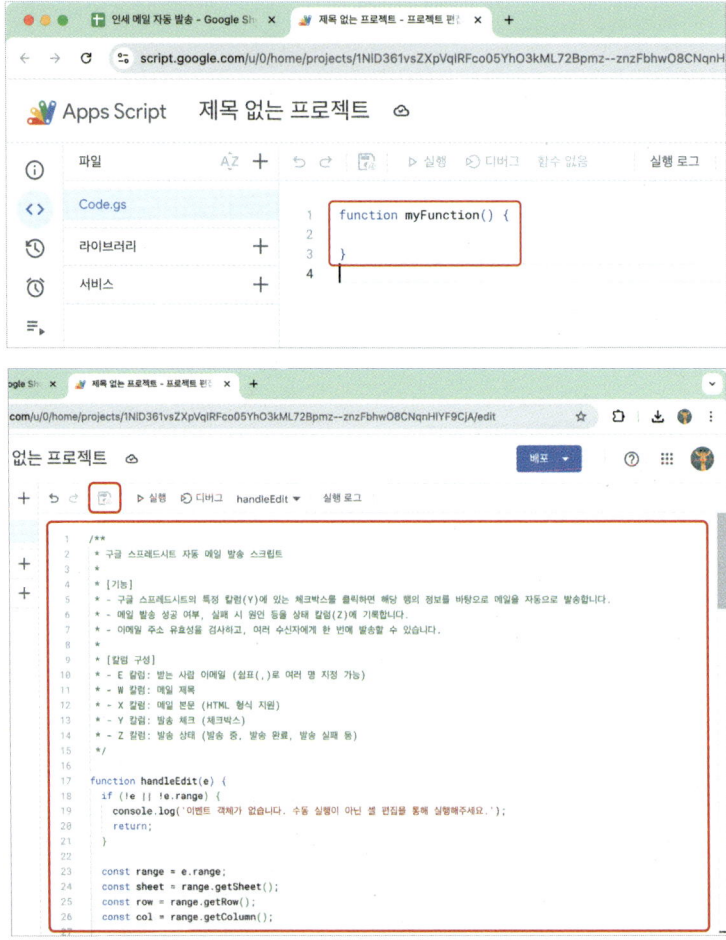

그림 4.36 코드 붙여넣고 저장하기

03. 이제 코드가 정상적으로 작동하도록 트리거를 추가하고 구글 계정의 권한 설정을 마쳐야 합니다. 앞서 4.1.3항에서 설명한 트리거 설정을 참고하여 트리거를 추가하고, 권한 설정을 모두 적용합니다.

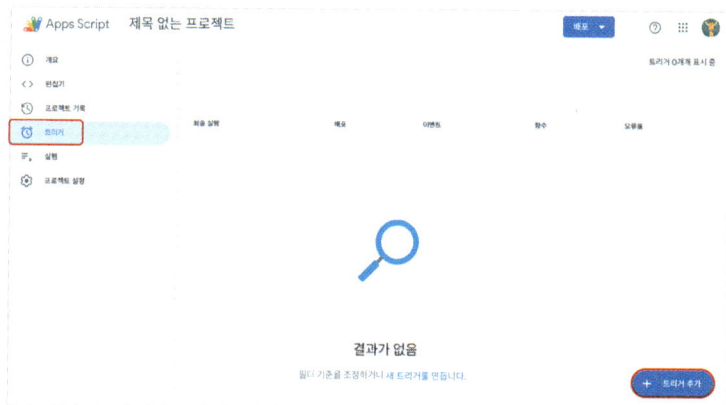

그림 4.37 트리거 추가 및 권한 설정하기

04. 권한 설정을 완료하고 나면 Y 칼럼의 체크박스를 클릭했을 때 메일이 자동으로 발송되고, Z 칼럼에는 '발송 완료'와 같은 결과가 표시됩니다. HTML로 작성된 메일이 실제로 발송되는지도 확인해 봅니다.

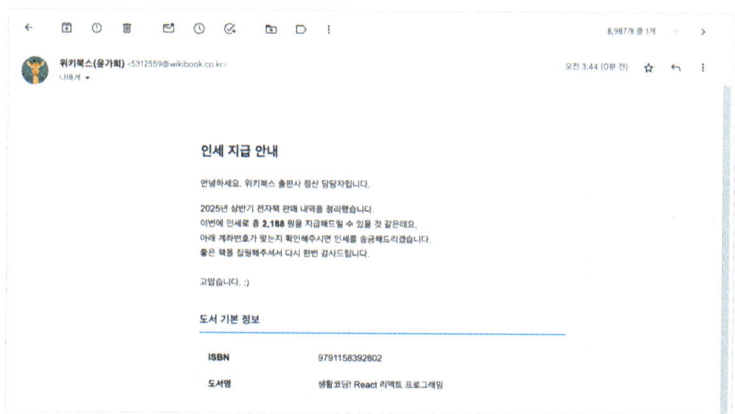

그림 4.38 메일이 잘 발송되는지 테스트

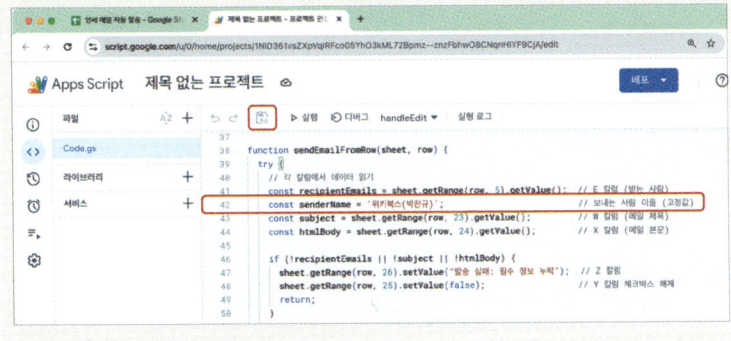

그림 4.39 발송인 변경하기

4.4 메일 자동 발송 프로그램 수정하기

지금까지 SQL을 활용해 인세 데이터를 조회하고, HTML 메일 템플릿을 구성한 뒤, 구글 앱스 스크립트로 자동 메일 발송 기능을 완성했습니다. 이렇게 만들어진 자동화 프로그램은 실무에서도 바로 사용할 수 있을 만큼 완성도가 높지만, 실제 업무 환경은 회사마다 조금씩 다릅니다. 예를 들어 어떤 조직에서는 일부 필드가 불필요할 수도 있고, 어떤 경우에는 추가로 표시해야 할 데이터가 있을 수 있습니다.

이럴 때 가장 흔히 하는 실수는 처음부터 모든 작업을 다시 반복하는 것입니다. 하지만 그렇게 하면 기존과 동일한 결과를 보장할 수 없고, 중간에 예기치 못한 오류가 발생할 위험도 큽니다. 프로그램이 현재 상태에서 정상적으로 작동하고 있다면 전체를 다시 만드는 대신, 기존 구조 위에 필요한 부분만 추가하거나 불필요한 항목만 제거하는 편이 훨씬 안전하고 효율적입니다.

이번 절에서는 실제 사례를 통해 수정 과정을 자세히 살펴볼 예정입니다. 예를 들어, 기존 '인세 지급액'과 '제목' 칼럼 사이에 새롭게 '실지급인세' 항목을 추가하려면 어떤 과정을 거쳐야 하는지, HTML 템플릿부터 스프레드시트 함수, 발송 코드까지 어디를 어떻게 바꿔야 하는지 하나씩 짚어보겠습니다. 이처럼 실무에 맞게 프로그램을 유연하게 수정하는 법을 익혀두면 어떤 자동화 도구든 더 오래, 안정적으로 활용할 수 있습니다.

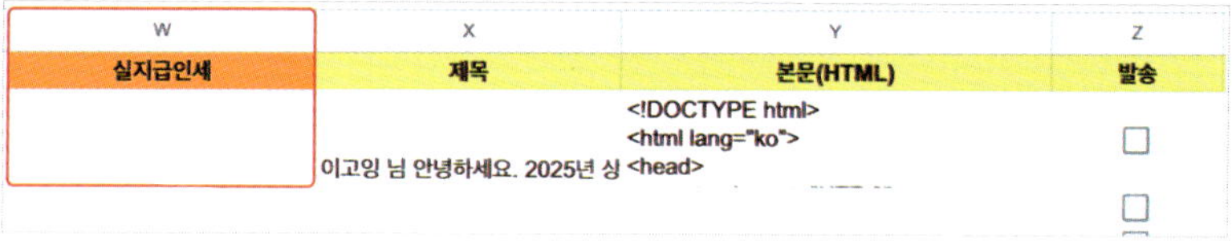

W	X	Y	Z
실지급인세	제목	본문(HTML)	발송
	이고잉 님 안녕하세요. 2025년 상	<!DOCTYPE html> <html lang="ko"> <head>	☐
			☐

그림 4.40 이번 절에서 추가할 실지급인세 칼럼

4.4.1 HTML 코드 수정하기

앞서 만든 자동 메일 발송 시스템은 기본적으로 인세 지급액(tot_royalty)까지만 표시되도록 구성돼 있습니다. 하지만 세금 공제 후 실제로 송금할 금액인 실지급인세(real_royalty) 항목이 함께 표시되면 더 명확하고 신뢰감 있는 안내가 됩니다. 이번 섹션에서는 '실지급인세' 항목을 기존 HTML 메일 템플릿에 추가하는 방법을 알아보겠습니다.

텍스트 메일 기준으로 위치 확인하기

먼저, 새로운 항목이 어떤 위치에 들어갈지를 텍스트 메일 기준으로 살펴보겠습니다. 기존 메일에서는 [2025 전자책 정산내역] 항목 아래에 총 판매금액과 인세 지급액만 표시되고 있습니다. 여기에 실지급 인세를 추가하면 다음과 같이 변경됩니다.

기존 메일	수정 메일
안녕하세요. 위키북스 박찬규입니다. 2025년 상반기 전자책 판매 내역을 정리했습니다. . . [2025 전자책 정산내역] 총 판매금액 : tot_amt 인세 지급액 : tot_royalty [계좌 번호] bank_num [참고 사항] * 인세 지급액은 총 판매금액의 25% 금액으로, 사업소득세 3.3%를 공제하고 계좌로 입금됩니다.	안녕하세요. 위키북스 박찬규입니다. 2025년 상반기 전자책 판매 내역을 정리했습니다. . . [2025 전자책 정산내역] 총 판매금액 : tot_amt 인세 지급액 : tot_royalty **실지급 인세 : real_royalty** [계좌 번호] bank_num [참고 사항] * 인세 지급액은 총 판매금액의 25% 금액으로, 사업소득세 3.3%를 공제하고 계좌로 입금됩니다

Claude에 HTML 코드 수정 요청하기

단순히 텍스트만 바꾸는 작업이라면 직접 수정해도 됩니다. 하지만 기존 디자인과 스타일을 유지하면서 코드를 안정적으로 수정하고 싶다면 AI를 활용하는 편이 더 정확하고 편리합니다. 특히 HTML 구조에 익숙하지 않거나 실수를 줄이고 싶은 경우 Claude, Gemini와 같은 AI 도구를 적극 활용하는 것이 좋습니다.

HTML 수정을 AI에 요청할 때는 구조화된 프롬프트를 사용하는 것이 핵심입니다. 다음 순서대로 구성하면 AI가 HTML 구조를 안정적으로 유지하면서도 원하는 내용을 반영해 줍니다.

1. **기존 메일 텍스트**를 보여줍니다.
2. **수정된 메일 텍스트**를 제시합니다.
3. 두 내용을 바탕으로 기존 HTML을 참고해 새로운 HTML을 생성해 달라고 요청합니다.

예시 프롬프트는 다음과 같습니다.

> <기존 메일> 내용을 기초로 <기존 HTML> 내용을 만들었습니다. <수정 메일> 내용을 기초로 <기존 HTML>과 같은 구성의 HTML 코드를 생성해주세요.
>
> **<기존 메일>**
>
> 안녕하세요. 위키북스 박찬규입니다.
> 2025년 상반기 전자책 판매 내역을 정리했습니다.
> 이번에 총 tot_royalty 원에 대한 인세를 지급해드릴 수 있을 것 같은데요,
> .

.

[2025 전자책 정산내역]

총 판매금액 : tot_amt

인세 지급액 : tot_royalty

[계좌 번호]

.

.

</기존 메일>

<수정 메일>

안녕하세요. 위키북스 박찬규입니다.
2025년 상반기 전자책 판매 내역을 정리했습니다.
이번에 총 tot_royalty 원에 대한 인세를 지급해드릴 수 있을 것 같은데요,

.

[2025 전자책 정산내역]

총 판매금액 : tot_amt

인세 지급액 : tot_royalty

실지급 인세 : real_royalty

[계좌 번호]

.

.

</수정 메일>

<기존 HTML>

<!DOCTYPE html>

```
<html lang="ko">
<head>
    <meta charset="UTF-8">
    <meta name="viewport" content="width=device-width, initial-scale=1.0">
    <title>전자책 인세 지급 안내</title>
</head>
<body style="font-family: Arial, sans-serif; line-height: 1.6; color: #333; margin: 0; padding: 20px; background-color: #f9f9f9;">
    <table style="max-width: 600px; margin: 0 auto; background-color: #ffffff; border: 1px solid #ddd; border-radius: 8px;">
        <tr>
            <td style="padding: 30px;">
                <h2 style="color: #2c3e50; margin-bottom: 20px;">인세 지급 안내</h2>

                <p style="margin-bottom: 15px;">안녕하세요. 위키북스 출판사 정산 담당자입니다.</p>
.
.
.

</기존 HTML>
```

수정된 HTML 붙여넣기

AI가 생성한 HTML 코드가 만족스러우면, Google 스프레드시트의 mail-temp 시트로 돌아가서 B2 셀에 해당 HTML을 붙여넣습니다. 이렇게 하면 메일 본문에 새로운 항목이 반영된 템플릿이 저장됩니다.

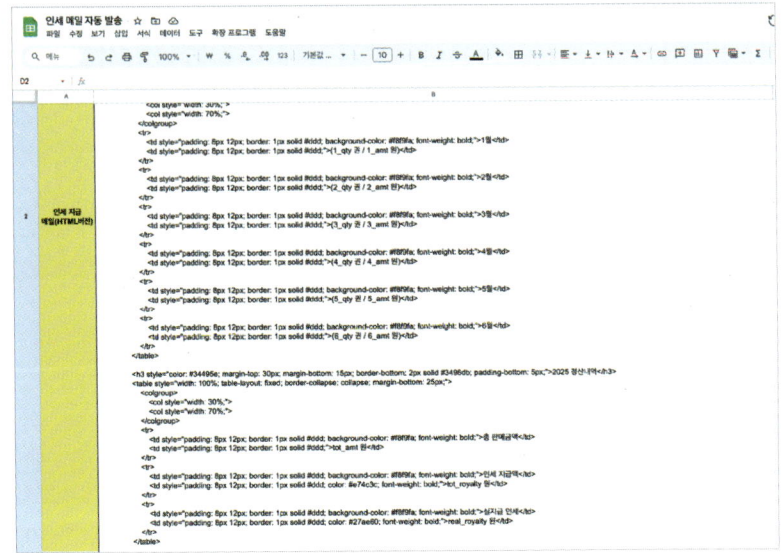

그림 4.41 수정된 HTML 붙여넣기

LET 함수 수정하기

이제 HTML은 준비됐지만, 메일에 실지급 인세 데이터가 실제로 반영되기 위해서는 LET 함수에도 해당 변수 치환 로직을 추가해야 합니다. 기존 LET 함수에 아래 한 줄을 추가하면 됩니다.

```
step17, SUBSTITUTE(step16, "real_royalty", $W2)
```

아래는 수정된 LET 함수의 마지막 일부 예시입니다.

```
=LET(
  template, 'mail-temp'!$B$2,
  step1, SUBSTITUTE(template, "tot_royalty", $V2),
```

```
step2, SUBSTITUTE(step1, "ebook_isbn", $A2),
...
step16, SUBSTITUTE(step15, "tot_amt", $U2),
step17, SUBSTITUTE(step16, "real_royalty", $W2),
SUBSTITUTE(step16, "bank_num", $G2)
)
```

4.4.2 메일 발송 코드 수정하기

메일 발송 코드 수정은 HTML 템플릿을 고치는 것보다 상대적으로 간단한 작업입니다. 메일 발송 코드는 시트에 있는 특정 칼럼 순서를 기준으로 동작하기 때문에 새로운 항목을 추가하거나 기존 칼럼이 이동하면 **코드에서도 참조 위치를 함께 수정**해 주어야 합니다.

이번 예제에서는 기존 W 칼럼에 위치하던 '메일 제목' 칼럼 앞에 **'실지급 인세'** 항목이 새로 추가되면서, 이후의 모든 칼럼이 한 칸씩 오른쪽으로 이동하게 되었습니다. 이에 따라 원래 W~Z 칼럼에 위치했던 메일 관련 정보는 X, Y, Z, AA 칼럼으로 변경됩니다.

기존 칼럼 구성

기존 메일 발송 시스템은 다음과 같은 구조로 작동합니다.

- **E 칼럼**: 받는 사람 이메일 주소 (쉼표(,)로 여러 명 지정 가능)
- **W 칼럼**: 메일 제목
- **X 칼럼**: 메일 본문 (HTML 형식 지원)

- **Y 칼럼**: 발송 체크 (체크박스)
- **Z 칼럼**: 발송 상태 (발송 중, 발송 완료, 발송 실패 등)

하지만 '실지급인세' 항목이 W 칼럼 자리에 추가되면서, 메일 제목이 W에서 X로, 메일 본문은 Y로, 발송 체크는 Z로, 발송 상태는 AA로 각각 밀리게 됩니다.

코드에서 변경할 부분

구글 앱스 스크립트는 시트의 열 위치를 배열의 인덱스로 참조합니다. 예를 들어, E열은 row[4], W열은 row[22], X열은 row[23] 형태로 호출됩니다.

기존 코드에서는 다음과 같이 구성되어 있었을 것입니다.

```
let subject = row[22]; // W열: 메일 제목
let body = row[23];    // X열: 메일 본문
let checked = row[24]; // Y열: 발송 여부
let status = row[25];  // Z열: 발송 상태
```

'실지급 인세' 항목이 W열에 추가되면서 기존 정보들이 한 칸씩 밀리게 되었습니다. 따라서 아래와 같이 수정해야 정확하게 동작합니다.

```
let subject = row[23]; // X열: 메일 제목
let body = row[24];    // Y열: 메일 본문
let checked = row[25]; // Z열: 발송 체크
let status = row[26];  // AA열: 발송 상태
```

프롬프트 예시: AI에 요청하는 방식

이러한 수정도 AI를 활용해 쉽게 처리할 수 있습니다. 다음과 같은 프롬프트를 Claude나 Gemini 같은 AI 도구에 입력하면, 기존 코드를 기반으로 참조 위치만 정확히 수정된 버전을 만들어줍니다.

다음과 같이 구성된 [코드]를 수정해주세요.

기존 구성:
- W 칼럼: 메일 제목
- X 칼럼: 메일 본문
- Y 칼럼: 발송 체크
- Z 칼럼: 발송 상태

변경 후 구성:
- X 칼럼: 메일 제목
- Y 칼럼: 메일 본문
- Z 칼럼: 발송 체크
- AA 칼럼: 발송 상태

→ 이에 따라 참조되는 row[] 인덱스를 모두 수정해주세요.

[코드]
기존 코드(mailSendCode.txt) 입력

프롬프트를 명확하게 작성하는 것이 중요하며, 이렇게 작성하면 코드를 일일이 수정하지 않고도 AI가 필요한 부분만 정확히 반영해 줍니다.

4.5 마치며

이번 장에서는 인세 조회부터 메일 자동 발송까지, 실제 업무를 AI로 자동화하는 전 과정을 살펴봤습니다. SQL로 판매 데이터를 조회하고, HTML 템플릿을 생성한 뒤, 구글 앱스 스크립트를 통해 메일을 자동으로 발송하는 시스템을 구축했습니다. 과거에는 수십 시간이 걸렸을 작업이 이제는 몇 번의 클릭과 프롬프트만으로 완성됩니다.

무엇보다 중요한 점은 이 모든 과정이 전문적인 개발 지식 없이도 가능하다는 사실입니다. Claude나 Gemini 같은 생성형 AI의 도움을 받으면 누구나 실용적인 업무 도구를 직접 만들 수 있습니다.

물론 처음부터 완벽하게 작동하는 결과를 얻기는 어렵습니다. 하지만 계속 시도하고, AI와 대화하며 수정해 나가다 보면 점점 더 안정적이고 효율적인 시스템을 만들 수 있습니다. 중요한 것은 두려워하지 않고 시작하는 것, 그리고 실패를 통해 배우는 자세입니다.

바이브 코딩은 단지 새로운 개발 방식이 아니라, 더 창의적이고 생산적인 업무 환경을 만들어가는 도구입니다. 이번 장에서 익힌 경험을 바탕으로 독자 여러분도 자신만의 자동화 프로젝트에 도전해 보기 바랍니다.

2025년 9월부터 Claude는 Excel 스프레드시트, Word 문서, PowerPoint 프레젠테이션, 그리고 PDF 파일을 Claude.ai 웹사이트와 데스크톱 앱에서 직접 생성하고 편집할 수 있는 기능을 제공합니다.

이 기능을 사용하면 단순히 텍스트 응답을 받는 것에서 그치는 것이 아니라, 실제로 업무에 바로 활용할 수 있는 완성된 문서 파일을 AI로부터 직접 받을 수 있습니다. 사용자는 필요한 내용을 자연어로 설명하고, 관련 데이터를 업로드하기만 하면 됩니다. Claude는 입력된 정보를 분석하여 문서를 자동으로 구성하고, 그 파일을 다운로드할 수 있는 링크를 제공하거나 사용자의 컴퓨터에 직접 저장해 줍니다.[1]

---

1 9월말 현재 Max 플랜, Team 플랜, Enterprise 플랜 사용자만 문서 생성 기능을 이용할 수 있습니다.

A.1 복잡한 데이터를 문서로 정리해주는 AI

데이터 분석은 오늘날 비즈니스에서 가장 중요한 역량 중 하나입니다. Claude는 복잡한 데이터셋을 이해하기 쉬운 형태로 요약하고 분석해줍니다. 예를 들어, 판매 데이터를 업로드하면, Claude는 이를 분석하여 트렌드, 계절성, 이상치 탐지 등의 정보를 포함한 종합 보고서를 자동으로 작성해 줍니다. 사용자는 이 결과물을 Word 문서나 PDF로 받아볼 수 있습니다.

A.2 Claude가 만들 수 있는 문서 유형

Claude는 사용자의 설명을 바탕으로 다음과 같은 다양한 문서를 생성할 수 있습니다.

- 시나리오 분석이 포함된 재무 모델
- 자동화된 대시보드가 있는 프로젝트 추적기
- 분산 계산이 포함된 예산 템플릿
- 작동하는 수식과 여러 시트가 포함된 완성된 파일

또한 형식 간 변환도 가능합니다. Claude는 아래와 같은 작업도 처리할 수 있습니다.

- PDF 보고서를 업로드하여 PowerPoint 슬라이드 생성

- 회의록을 공유하여 서식이 지정된 문서 생성
- 송장을 업로드하여 계산이 포함된 정리된 스프레드시트 생성

이러한 크로스 포맷 기능은 문서 작업의 효율성을 크게 향상시킵니다. 예를 들어, 긴 형식의 연구 보고서를 임원진을 위한 요약 슬라이드로 바꾸거나, 손글씨 회의록을 정리된 문서로 만드는 작업도 몇 분 안에 처리할 수 있습니다.

A.3 문서 생성 기능 활성화 방법

문서 생성 기능을 사용하려면 몇 가지 설정이 필요합니다.

01. 왼쪽 하단 프로필 아이콘을 클릭한 후, [설정] 메뉴를 선택합니다.

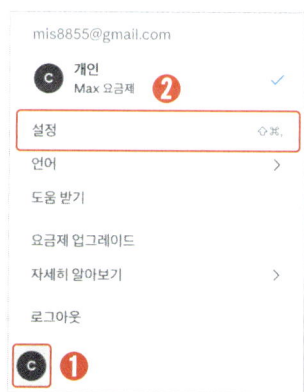

그림 A-1 설정 메뉴 선택하기

02. 왼쪽에서 [기능]을 선택하고, Upgraded file creation and analysis 항목을 활성화하면 문서 생성 기능이 활성화됩니다.

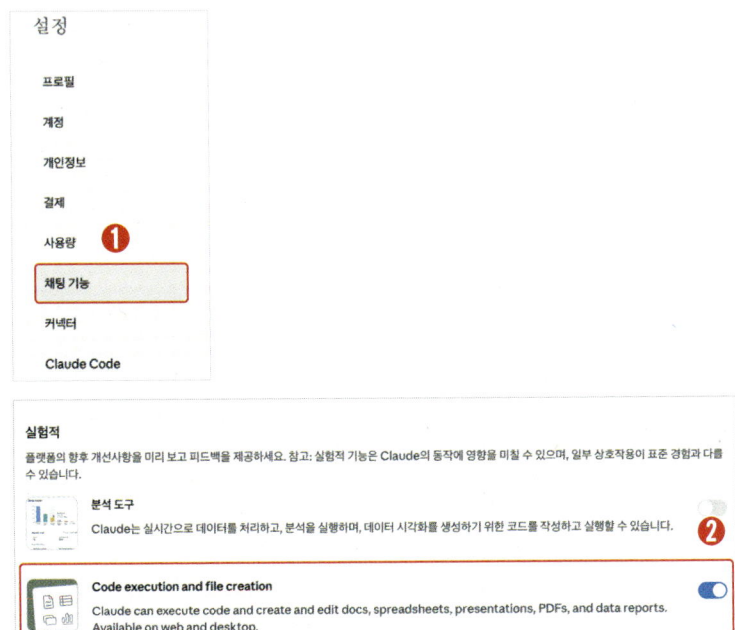

그림 A-2 Upgraded file creation and analysis 항목을 활성화

A.4 실전 예제 1: 판매 보고서를 워드 문서로 만들기

앞에서 다룬 book_sales 테이블을 활용해, 종합 판매 보고서를 Word 문서로 생성해보겠습니다. Claude에게 다음과 같이 요청합니다.

> book_sales 테이블에는 도서 판매 정보가 들어가 있습니다. 테이블 정보를 살펴보고 종합 보고서를 워드 문서로 작성해주세요.

Claude는 테이블 구조를 분석한 뒤, 제목, 요약, 월별 분석, 핵심 인사이트 등으로 구성된 문서를 자동으로 생성합니다. 최종적으로 다음과 같이 사용자의 컴퓨터에 직접 파일을 생성하거나, 다운받을 수 있는 링크를 제공합니다.

> 📄 **파일 위치:** /Users/parkchankyu2/도서판매종합보고서.docx
>
> 워드 문서에는 상세한 표와 차트, 분석 내용이 체계적으로 정리되어 있어 경영진 보고나 사업 계획 수립에 활용하실 수 있습니다.

그림 A-3 Upgraded file creation and analysis 항목을 활성화

보고서를 열어보면 Claude가 자동으로 작성한 문단과 서식이 잘 적용되어 있습니다. 전체 문서 내용이 정리되어 있어, 보고서 작성 시간을 크게 단축할 수 있습니다. 수정 사항이 필요하다면 Claude에서 수정 사항을 요청해서 문서를 다시 생성할 수도 있습니다.[2]

---

[2] 최종 문서는 https://bit.ly/3VPYFhq 에서 확인할 수 있습니다.

도서 판매 종합 보고서

1. 보고서 개요

본 보고서는 2024년 1월부터 2025년 7월까지의 도서 판매 데이터를 종합 분석한 결과를 제시합니다. 총 887건의 판매 기록을 바탕으로 매출 현황, 도서별 성과, 시기별 트렌드를 분석하였습니다.

2. 전체 판매 현황

항목	값
분석 기간	2024-01-02 ~ 2025-07-02
판매 도서 수	9 권
총 판매량	6,258 권
총 매출액	104,873,800 원
평균 거래액	118,234 원
총 거래 건수	887 건

주요 성과:

- 18개월간 총 6,258권 판매로 월평균 약 348권 판매
- 총 매출액 1억 487만원 달성
- 평균 거래액 11만 8천원으로 양호한 단가 유지

그림 A-4 도서 판매 종합 보고서

A.5 실전 예제 2: 엑셀로 판매 실적 분석표 만들기

이번에는 같은 데이터를 바탕으로 엑셀 파일을 생성해보겠습니다. Claude에 다음과 같이 입력합니다.

> 2025년 도서별 년월별 판매 실적을 엑셀 파일로 만들어주세요 다음과 같은 칼럼이어야 합니다.
>
> - 도서명, 년, 월, 판매량, 매출액

도서 판매 종합 보고서와 마찬가지로 사용자의 컴퓨터에 저장된 판매실적 엑셀 파일을 얻을 수 있습니다.[3]

> **📊 2025년 도서별 연월별 판매실적 엑셀 파일 완성**
>
> 📁 **파일 정보**
> - **파일명:** 2025년_도서별_연월별_판매실적.xlsx
> - **위치:** /Users/parkchankyu2/2025년_도서별_연월별_판매실적.xlsx
> - **파일 크기:** 6,770 bytes
> - **레코드 수:** 54건

Claude는 요청한 형식에 따라 정확한 칼럼 구조를 반영한 Excel 파일을 생성합니다. 이 파일에는 판매 데이터가 연도·월별로 정리되어 있으며, 자동 계산 수식이 적용되어 실무에서 바로 사용할 수 있습니다.

도서명	년	월	판매량	매출액
생활코딩 머신러닝 with 파이썬 텐서플로(실습편)	2025	01	4	63600
생활코딩 머신러닝 with 파이썬 텐서플로(실습편)	2025	02	6	94800
생활코딩 머신러닝 with 파이썬 텐서플로(실습편)	2025	03	2	32400
생활코딩 머신러닝 with 파이썬 텐서플로(실습편)	2025	04	2	32400
생활코딩 머신러닝 with 파이썬 텐서플로(실습편)	2025	05	7	116400
생활코딩 머신러닝 with 파이썬 텐서플로(실습편)	2025	06	6	96000
생활코딩 머신러닝 실습편 with 오렌지 3	2025	01	5	48750
생활코딩 머신러닝 실습편 with 오렌지 3	2025	02	1	9750
생활코딩 머신러닝 실습편 with 오렌지 3	2025	03	2	19500

그림 A-5 Claude가 생성한 Excel 파일 예시

---

[3] 최종 엑셀 파일은 https://bit.ly/46v2lWJ 에서 확인할 수 있습니다.

Claude의 문서 생성 및 편집 기능은 단순한 기술의 진화를 넘어, AI와 인간의 협업 방식을 근본적으로 변화시키고 있습니다. 복잡하고 반복적인 작업을 직접 손으로 처리하지 않고도, Claude와의 대화를 통해 완성된 문서를 받을 수 있습니다.

이는 생산성과 창의성을 동시에 높일 수 있는 기회이자, AI가 실무에 통합되는 방식을 보여주는 중요한 이정표입니다. 문서 하나를 만들기 위해 수시간 걸렸던 과거와 달리, 이제는 필요한 정보를 정리해 Claude에게 요청하면 수 분 내에 완성된 결과물을 얻을 수 있습니다. 이 기능을 잘 활용한다면, 데이터 분석에서 보고서 작성, 자동화된 문서 관리까지 그야말로 하나의 생태계처럼 AI 기반의 업무 시스템을 구축할 수 있을 것입니다.

A – C

App Script	197
Claude 프로젝트	153
Claude Artifact	103
Claude Desktop	62
claude_desktop_config.json	67
Claude MCP	47
Column	11
CREATE	20
CSV 파일	89, 121

D

Database	8
Database Management System	25
Data Definition Language	19
Data Manipulation Language	19
DB Browser for SQLite	33
DBMS	25
DDL	19
DELETE	19, 22
DML	19

F – K

Field	11
Foreign Key	18
Gemini	113
Homebrew	58
INSERT	19, 21
Join	18
JOIN	23
KB부동산 데이터 허브	108

L – P

LET() 함수	234
MCP	6, 46
MCP 설정 파일	65
Model Context Protocol	6, 46
PowerShell	55
Primary Key	17
Python	50

R – S

Record	10
Relational Database	17
Row	10
SELECT	19, 22
SQL	6, 19
SQL 실행 결과	171
SQL 코드 생성	104
SQLite	25
SUBSTITUTE() 함수	233

T – U

Table	9
TSX 파일	159
UPDATE	19, 21
uv	54
uvx	54

찾아보기

ㄱ

관계형 데이터베이스	17
구글 스프레드	223
그래프	150
기본 키	17

ㄷ

대시보드	159
데이터베이스	4, 8
데이터베이스 관리 시스템	25
데이터베이스 만들기	135
데이터베이스 추가	41
데이터 연동	190
데이터의 일관성	17
데이터 정의어	19
데이터 조작어	19
데이터 조회하기	99
데이터 타입	11, 12, 140

ㄹ — ㅅ

레코드	10
메일 자동 발송 템플릿	186
메일 템플릿 만들기	225
명령 프롬프트	31
바이브 코딩	186
변동성	119
보고서 공유	179
보고서 양식	175
분석 도구 기능	78
시각화	101

ㅇ

앱스 스크립트	239
앱 스크립트	197
언어 설정 변경	81
열	11
외래 키	18

ㅈ

자연어 보고서	101
조인	18
지원하지 않는 형식	78
지침	155

ㅊ — ㅌ

챗봇	130
클로드 아티팩트	103
테이	9
테이블 연결하기	13
템플릿 구성	188

ㅍ — ㅎ

표준편차	119
프로젝트 지침	161
플레이스홀더	192
피벗	210
필드	11
행	10

memo

memo